陳永明

原來尼采

匯智出版

現在，門徒啊，我獨自上路了，你們現在也獨自上路吧，這是我希望的。我實在地勸你們：離開我，抗拒察拉圖斯特拉，更進一步：以他為恥！也許他欺騙了你。智者不單要愛他的仇敵，也必須懂得恨惡他的朋友。（Z, I 22/3）

序言

一

想寫一本有關尼采的書，已經是三十多年前的事了。

第一次接觸尼采是在中學，透過魯迅的作品。魯迅並沒有討論尼采思想的文章，只是偶爾在作品中，引用尼采的片言隻字。不過當時讀來覺得很精警，很特別。現在依稀記得，有一句大意是：看到一輛破車，不要存心把它修好。一腳把它踢垮，還更有好處[1]。

到唸大學的時候，開始對西洋哲學有興趣。大一下學期，看羅素的《西方哲學史》，其中有一章是討論尼采的。那是第一次接觸比較有系統的對尼采哲學的介紹。可惜的是，羅素對尼采的了解，可說連邊也未沾上。有尼采學者說：

> 尼采的作品，有時叫人覺得像〔基督教的〕《聖經》一樣，〔演繹上〕有無限的彈性……。不過，不是所有的演繹都是同樣地可取。羅素的解釋，較之於考夫曼，就未免叫人覺得可笑了。[2]

看完了《西方哲學史》，尼采的哲學未留下半點印象。

六十年代中葉，到北美升學。大概是第二年的夏天

吧，偶然拿起了《察拉圖斯特拉如是説》來看，只看完第一部分，除了「生命的三重蜕變」一章外，其他只覺看來有趣，好像有很深的意義，但卻完全摸不着頭腦，不知尼采到底要説的是甚麼。心有不甘，也為了好奇心的驅使，聽別人的推薦，從圖書館借回來了考夫曼的《尼采》，雖然未能完全明白，卻真是「如聽仙樂耳暫明」，那本書給我開了對尼采的竅。對尼采的興趣是從那個時候才真正開始的。在研究院唸哲學的幾年，我從未正式選修過有關尼采的科目（回顧起來，當時就是要選，可以選的也不多，在研究院那五、六年間，系方開的與尼采有關的課不超過兩門），但自己看尼采的作品，如《善惡之上》、《道德的緣起》等，和研究他思想的著述，卻鮮有間斷，對尼采這個人和他的思想的興趣也越來越濃了。想寫一本介紹他哲學的書，便是從那個時候開始的。

　　雖然有寫書的意欲，但接下來三十多年始終沒有動筆，説沒有時間，那只是推諉之詞。雖然那段時間，尤其是開始那十年，寫博士論文、教學，都要花上很多時間，但真個要寫，總可以找到時間的。沒有動筆最主要的理由還是膽怯，覺得未準備好。而事實上，尼采不少重要的論點，自己真的還未充分掌握其中要旨。到了九十年代初，看到尼希馬士（Alexander Nehamas, 1946- ）的《尼采：以生命為文學》（*Nietzsche: Life as Literature*），得到很大的衝擊和啟發。這並不是說尼希馬士的書解答了我對尼采哲學所有

或大部分的問題，而是，像一切好書一樣，為我指出了很多可循的方向，提供了很多不同而有用的線索，幫助我解決了不少有關尼采的困惑。我這本書直接引用尼希馬士的地方不多，但受他的影響卻很大。在我研究尼采的過程中，尼希馬士這本書的重要性僅次於考夫曼。

九十年代中，我寫了一篇對陳鼓應《尼采新論》的書評，刊登在《星島日報》。有位朋友對我說：「我從來不曉得你對尼采哲學有興趣，既然你對別人有關尼采的論述這樣不滿，為甚麼不自己寫一本？」他的話其實很有問題。第一，我並不是對別人有關尼采的論述都不滿。上面我提到過的考夫曼和尼希馬士的論著都是一流。王國維在本世紀初寫的有關尼采思想的論文，也是非常精闢。其次，批評他人的著述或表現，並不表示自己做起來會更好。差不多所有樂評人，要他們上場演奏，十居其九都及不得他們所批評的演奏家。體育評論員更不用説了。他們可以把張德培批評得體無完膚，要他們下場和張德培作賽，恐怕連一次發球也接不下來。不過那位説者並無惡意，他真的希望我把對尼采的看法寫下來，供大家參考、討論、批評。再加上以中文討論尼采的專著不多，他無心的鼓勵又再把我寫一本有關尼采的書的意欲重新挑旺起來了。

我向當時任職的浸會大學申請休假半年，馬上得到校方批准。又蒙英國牛津大學沃夫遜學院（Wolfson College）接納為訪問院士（Visiting Fellow），我在 1999 年 1 月 6 日便

在英國牛津開始了這個醞釀了三十多年的寫書計劃。我曾經想過到德國的,可是我的德文很蹩腳,太太更是一點兒德文都不懂。她要照顧我們的日常生活,在德國恐怕十分困難。況且,我需要的資料,主要的還是書刊,牛津一定不會缺乏,所以還是選擇到英國去。

尼采在著述中不時表示「地心吸力」太強,使人精神下墜,不能蹁躚起舞,沖霄凌雲。他希望可以擺脫這些吸力,輕快地舞蹈、翱翔。就這方面而言,牛津比諸香港,就像上到月球一樣。牛津的氣氛、環境,再加上沒有教務以及其他的應酬,精神的確是輕快的,可以「高舉振六翮」。就是沒有寫成我的書,那段差不多沒有地心吸力的牛津歲月,我是怎樣也忘不了的。

寫書的進度比意想中快,不過半年實在太短,眨眼間,又要回到香港的地面了。書稿只完成了一半多一點點,接下來要應付的是積累了半年的事務,換新工作的適應,意料之外的繁瑣和煩厭,兩年多書稿未增添過半頁。我深深明白再拖下去,準要被吸進生活的黑洞去,書再也寫不出來了。2001 年底,我勉強自己每週都找出一定時間,寫得多少便多少,盡量把書完成。結果斷斷續續總算完了工,雖然不如理想,但不至盡廢前功。

二

我為這本書取名《原來尼采》。幾年前,我根據為香

港亞洲電視主持《孔子》連續劇的講稿，寫了一本《原來孔子》。有評者認為我自大，以自己對孔子的看法，視為孔子原本的意思，把別人的解說貶為不合孔子的原意。這是一個誤會。我在《原來孔子》的序中已經說明，「原來」一詞只是表示自我的發現，就如我聽人說過長城，對長城有一個印象。後來親自到了長城，看到長城的雄偉，不禁歎一句：「原來長城是這樣的！」這並沒有貶低其他人對長城的描述，只以我自己的印象為是的意思。因為在我說完「原來長城是這樣的！」還可以加一句：「某某的描述一點也不差。」這兩句話完全沒有矛盾，是彼此相容的，可見「原來」不一定表示特別貼切的體會，或排斥別人的看法。「原來」可以只是用來表達自我的一種發現。本書稱為《原來尼采》，「原來」一詞也只是表達自己對尼采的領會、自己的體悟，完全沒有排他、自以為是的意思。我是希望把尼采對我的啟發、我對尼采的領悟和有心的讀者共享。

　　這本書主要的目的是展示尼采的哲學，把它闡釋清楚，放到在我看來最合理、最有利、最有提升及啟發的位置。全書共分十章。第一章前言略述尼采哲學在歷史上被無意或有意的曲解，希望本書能給中國讀者一個有系統而又淺易的尼采哲學的簡介。第二、三兩章是介紹尼采的第一部著作《悲劇的誕生》。《悲劇的誕生》有人以為只是尼采的少作，並未成熟，和他後來的思想接連不上。我卻認為這第一本作品已經包涵了成熟的尼采哲學所有的重要元素，是

討論尼采哲學的一個很好的開端。

接下來四、五章是討論尼采哲學上的破。尼采一生受華格納和基督教的影響極深。他後來的哲學思想很大部分都是對這兩者的一種反動。第四章討論他為甚麼要擺脫華格納的影響，是他對華格納思想的破。五、六兩章是他對基督教的狠批和所以如此的理由。

尼采對華格納和基督教，尤其是後者的不滿，成為他所立的哲學的基礎。第七章是討論不少人視為尼采最傑出的作品——《察拉圖斯特拉如是說》的內容。第八章集中探索書裏面「超人」這個觀念。

除了「超人」以外，「永恆的回轉」是尼采思想中另一個重要的理論。第九章是提出我對「永恆的回轉」的看法。我的解釋是受尼希馬士《尼采：以生命為文學》一書啟發而得的，雖然和他提出的解釋並不一樣。

尼采研究中最具爭議性的課題是「權力意志」。無容否認，尼采把權力意志看為他思想中的一個重要概念。然而，這個觀念並未得到任何清楚的闡釋和詳細的討論。他的《權力意志》一書，雖然內容都是出自他手，但書卻是他妹妹的「創作」——把尼采遺下的札記，硬湊編成一本有系統的書。究竟如何明白權力意志這個概念和怎樣處理同名的這本書呢？那是本書最後一章（第十章）的內容。

本書的目的不在評論尼采的對與錯。這並不是說我覺得尼采沒有錯，或者要為他文過飾非。我只是覺得要批評

首先要明白，明白得越透徹，批評起來越有力。今日批評尼采的人很多並不明白他的哲學，或者對他的哲學有很深的誤會。我希望這本書可以增加讀者對尼采的了解，至於批評就是下一步的事了。

為了使讀者明白我演繹尼采的根據，可以決定我的解釋是否合理，是否可以接受，在書中我大量引用了尼采自己的話。固然，大量引用仍然避免不了斷章取義的可能。這本不過十二萬字、希望全面介紹尼采的哲學的小書，要更多徵引尼采自己的話，實在難以辦到。不過我相信現在引文的數量，應該足以幫助讀者判斷我的演繹是否持之有故、言之成理了。

究竟這本書的讀者對象是誰呢？這本書是寫給甚麼人看的呢？這是寫給所有對哲學有興趣的人看的。這裏「哲學」一詞是取其廣義。我希望就是沒有受過甚麼哲學（狹義）訓練的讀者，也就是說未有修過任何哲學或聽過哲學講座的，也可以看得明白這本書，並且會因此對尼采、對書中討論過的問題有興趣。讀過尼采的，對尼采有點認識的，希望他們會覺得這本書對尼采哲學某些主要觀點的闡釋對他們有所啟發。

尼采跟不少其他的哲學家不一樣。我們縱使對柏拉圖、笛卡兒、康德的生平所知不多，但這不成為我們了解他們的思想之障礙。他們的生平事蹟和他們的哲學並沒有一定關係。然而尼采的思想和他的生平卻是有十分緊密的連

繫。譬如我們不明白他和華格納的友情和後來的決裂，那麼尼采思想有一大部分，恐怕難以了解得透徹。但要在書裏處處加入尼采生平的敍述，又恐怕打斷了有關他哲學的論述。為了幫助對尼采知道不多的讀者，我把尼采生平的簡介放在書內的附錄一。

我是個基督徒。尼采哲學是反基督教的。他思想其中一個主題是「神死了！」雖然如此，但是這並不影響我對他的研究和興趣。（研究一位哲學家，對他的思想有興趣，並不表示同意他的看法。）不過，問題是我大部分同意尼采對基督教的批評。然而，我沒有放棄我的信仰，也不覺得應該放棄我的信仰。這是不是一種矛盾，一種思想和行為不一致的態度呢？考夫曼指出過，讀尼采，我們必須把他討論的人、那個人的思想和跟隨那個人的徒眾，這三者分別得一清二楚。我覺得尼采對基督教的攻擊十分中肯，非常深刻，值得所有基督徒認真地反省，然而並不致命。他攻擊的焦點只是當時基督教會的信仰，當時的信仰和今日一般基督教的信仰分別不大，因此他的批判也可以説是針對今日的基督教。不過我覺得這並不是耶穌基督所傳的。這一點，尼采是同意的。他在《敵基督》一書中説：

> 那傳福音的死在十字架上了。所謂「福音」從那一剎那（耶穌死的一剎那）開始，就變成了恰恰和他所活出來的相反，是不好的信息，是「禍音」。……

> 只有過一個像死在十字架上那一位所過的生活的人，
> 才是基督徒。（A, 39）

他不只同意今日的基督教不是耶穌基督所傳的，他更表示耶穌所傳的是可行的。緊接上面的引文，尼采說：

> 這樣的生活（像死在十字架上那一位所過的生活）在今日還是可能的……其實這樣的基督教訓在甚麼時代都是可行的。（A, 39）

尼采對基督教兇狠的攻擊，正好提醒我們好好檢討今日的基督教會、現代的基督徒是否偏離了耶穌基督的訓誨，是否應該儆醒回頭。我總覺得，要是尼采思想生命再延長十年八載，他可能讓察拉圖斯特拉傳揚「神死了，卻又復活了」的信息。然而這只是未能證明、未得到足夠支持的感覺，把它寫進書內，未免有點不負責任。而且這個討論，也許只有基督徒才有興趣。所以我把這個猜度，寫成附錄二。那是我個人對尼采思想裏面反基督教部分的反思，也是我想和對尼采有興趣的基督徒讀者的分享。

過去幾年和學生、朋友談到尼采，有因此而對尼采產生興趣的都問我，如果想繼續探索尼采的哲學，有甚麼書籍可以推薦。這個問題不容易回答。好的答案必須因人而異。其實，今日尼采的研究已經是顯學，坊間買得到的參考書，僅只中英文的已不下數十種。我並不是每一種都看過，亦有自己的偏見，我介紹的並不一定其他人都會喜歡，

覺得合適。不過我仍然在本書的參考書目中，選擇了我特別喜歡的、對我特別有幫助的十多種，附以簡介，說明我所以欣賞它的理由，讓讀者參考，也是對有意進一步研究尼采的讀者的一個交代。

三

這本書的完成要感謝的人很多。浸會大學給我六個月的長假讓我可以「無案牘之勞形」，全時間投入開始寫書的工作，是首先要感謝的。得英國牛津大學中文系杜德橋教授（Prof. Glen Dudbridge）推薦，又蒙牛津大學沃夫遜學院接納我為訪問院士，使我可以在這個幾乎沒有「地心吸力」的靈秀之地動筆寫這本書，也是叫我十分感激的。在牛津住的地方狹小、簡陋，但深深體會到「往來無白丁」，「可以聽素琴（彈琴，我是不懂，但音樂卻是很喜歡聽，牛津的音樂會多的是），閱金經」的怡悅，真是何陋之有。

朋友、同事、學生不少知道我寫這本書的計劃，見面總不忘問一句：「寫完了沒有？甚麼時候脫稿？」他們是真的關心，但漸漸也成了對我的敦促和壓力。如果沒有他們的關注，以我的疏懶，也許這本書真個會功虧一簣，無疾而終。在這裏必須感謝他們。

最近這一年結束的工作，謝謝秘書伍彩玲女士把我自己也難看懂的手稿，變成整整齊齊的電腦打字稿。助理簡漢乾先生，他唸大學的時候是我的學生，現在是教院的同

事，幫助校對，查核註釋，編訂參考書目。這都是煩瑣得很的工作，他的細心和勤快都遠超要求之上，更是叫我感激不已。

　　唯一知道我三十多年來都想寫一本有關尼采的書的就是我太太。從新婚開始便不住聽到我提到這個計劃。她一直鼓勵我完成這個夢。到牛津的半年，我是樂透了，每天大半時間不是到圖書館，便是到辦公室。她卻是人生路不熟，我到圖書館，她則上超市買菜、洗衣服、燒飯；我到辦公室，她卻獨處陋室；我研究工作樂不可支，她卻要自己打發剩下的時間，然而她不以為忤。最近這一年半載，更是不斷提醒我不要有始無終，實在是本書最重要的催生者。

註釋

1　隔了四十多年，已經找不到出處了，大概是魯迅的《集外集》〈渡河與引路〉：「耶穌說，見車要翻了，扶他一下。Nietzsche 說，見車要翻了，推他一下。」

2　Steven D. Hales & Rex Welshon, *Nietzsche's Perspectivism*. Urbana: University of Illinois Press, 2000, p. 8.

本書引用尼采作品縮略語

1. *Die Geburt der Tragödie* (1872)　BT
   The Birth of Tragedy
   《悲劇的誕生》

2. *Unzeitgemässe Betrachtungen* (1873-1876)　UM
   Untimely Meditations
   《不合時的默想》

3. *Menschliches, Allzumenschliches* (1878)　HATH
   Human, All-Too-Human
   《人性‧太人性》

4. *Die Morgenröte* (1881)　D
   Daybreak
   《曙光》

5. *Die Fröhliche Wissenschaft* (1882)　GS
   The Gay Science
   《輕快的科學》

6. *Also Sprach Zarathustra* (1883-1892)　Z
   Thus Spoke Zarathustra
   《察拉圖斯特拉如是說》

7. *Jenseits von Gut und Böse* (1886)　BGE
   Beyond Good and Evil
   《善惡之上》

8. *Zur Genealogie der Moral* (1887)　GM
   On the Genealogy of Morals
   《道德的緣起》

9. *Der Fall Wagner* (1888)　CW
   The Case of Wagner
   《華格納個案》

10. *Die Götzen-Dämmerung* (1889)　TI
    The Twilight of the Idols
    《偶像的黃昏》

11. *Der Antichrist* (1895)　A
    The Antichrist
    《敵基督》

12. *Nietzsche contra Wagner* (1895)　NW
    Nietzsche contra Wagner
    《尼采與華格納之爭》

13. *Ecce Homo* (1908)　EH
    Ecce Homo
    《看這個人》

14. *Der Wille zur Macht* (1901)　WP
    The Will to Power
    《權力意志》

目錄

備受誤會的哲學家

只有明天的翌日是屬於我的，有些人是死後才出生的。（A, Preface）[1]

　　尼采很可能是有史以來最被人誤會的思想家了。他在世的日子幾乎沒有任何人明白他的哲學。他的得意之作《察拉圖斯特拉如是說》（*Also Sprach Zarathustra* 英譯 *Thus Spoke Zarathustra*），第一、二、三部分每部分只銷得六七十本。起初，尼采還歸咎他的出版商舒邁徹納（Ernst Schmeitzner）。1886年他寫信給他的摯友奧華貝克（Franz Overbeck, 1837-1905）說：「舒邁徹納〔對我的作品〕的粗心忽略實在可惡。整整十年，他沒有把書送到過書店寄賣，也沒有送過給人寫書評……。總言之，完全沒有為推銷我的書作過任何的努力。我的作品，在他看來，自《人性‧太人性》（*Menschliches, Allzumenschliches* 英譯 *Human, All-Too-Human*）開始，就只是點綴。《察拉圖斯特拉如是說》每部分

只銷得六七十本……。」[2] 在信中他說打算作個嘗試，自費印行他的新作，而且已經徵得另一位有信譽的出版商紐曼（Naumann）同意，用紐曼的名義出版。尼采說：「只要能賣出三百本，便足夠收回成本，以後便可以繼續用這個新方法出版了。」他自費印行的第一本書是《善惡之上》（*Jenseits von Gut und Böse* 英譯 *Beyond Good and Evil*）。一年之後（1887 年），在給他另一位好友迦士德（Peter Gast, 1854-1918）的信中，他不得不承認這個嘗試失敗，以前作品的滯銷跟舒邁徹納無關。因為他已經用盡了當時一般推銷書籍的方法，送出了六十六本到報刊，請人寫書評，結果一共就只銷得一百一十四本。在信中他慨嘆：「這真叫我開了眼，認識到沒有人要看我寫的東西——也許我再也沒有花錢自己出版的能力了。」[3] 那時距離他精神崩潰，只不過十八個月。雖然 1888 年白蘭特斯（Georg Brandes, 1842-1927）開始在丹麥的大學討論尼采的作品，但整體而言，在尼采「有生」之年，他的哲學，是沒有人欣賞，也沒有人了解的。（他雖然在 1900 年才逝世，但他的思想生命在 1889 年 1 月精神崩潰後，實際上是已經死亡的了。奧華貝克是尼采瘋了以後第一個見到他的朋友，並且把他帶回瑞士巴素（Basel）治療。後來，在尼采母親堅持下，才讓他出院，由母親帶回家中自己料理。事後奧華貝克很內疚，覺得對不起尼采，他說：「〔在那一刻〕結束了尼采的生命，也許更能表現出真摯的友情……因為尼采事實上是已經完了。」）[4]

　　可是在他瘋後短短十多年之間，情況便有了大大的轉變。1903 年，《善惡之上》一共印刷發行了一萬七千本。三年之後，1906 年，發行數量更倍增至三萬六千本。[5] 第二次世界大戰後更不得了，尼采的著作，包括不同語言的譯本，發行的數量雖然沒有確實數據，但 1968 年出版的《國際尼采研究出版物目錄》（Herbert W. Reichert and Karl Schlechta 合編），一共收集了 4566 篇（比 1960 年出版的 3973 篇多了近六百篇），分別用二十七種不同文字（從保加利亞文到越南文）寫成有關尼采的文章[6]（最近二三十年，尼采研究在英語世界已是顯學，相信有關的論文書籍，就只是以英文寫成的，數量增加了一千多種），從這些研究尼采的書籍和論文的數目去看，尼采著作的印銷數目估計應該很大。不過，研究尼采著作的數目雖然增加，但是對尼采哲學的誤解，尤其是六十年代以前出版的論著，還是很深，不禁令人對尼采和他的哲學命運的坎坷——就是在得意時也擺脫不了誤解、歪曲和庸俗化——深深嘆息。尼采的喪禮在這方面最有象徵意義：尼采在他妹妹伊利沙白（Elisabeth Förster Nietzsche, 1846-1935）安排下葬在樂勤（Röcken）他父親旁邊，採用的是路德教會的儀式。這位宣佈上帝死亡，最後出版《敵基督》（*Der Antichrist* 英譯 *The Antichrist*）一書的思想家[7]，就在教堂的鐘聲、詩班聖詩的頌歌下入土為安了。[8] 他在《看這個人》（*Ecce Homo*）裏面說：「我有一個極大的恐懼，就是有一天人會稱我為聖。……我甚至寧願作

一個小丑,也不要作一個聖人。」可是在他的喪禮,他的友
人迦士德祝福的時候說:「願他的名為聖到千萬代。」[9]何等
的諷刺,何等的荒謬,何等的叫人啼笑皆非。今日讀討論
尼采的作品,不少時候也有同樣的感受。

　　尼采哲學被誤解的原因很多。作品的風格是其中重要
的因素。尼采的作品,尤其是後期的(這包括了他所有的重
要著述)大部分都是以「札記」形式寫成的,只是記錄他思
想的結論,捕捉了靈光一閃、天機乍洩的妙悟,但推論的過
程,支持的論證,往往都付之闕如。《察拉圖斯特拉如是說》
充滿了寓言式的故事和人物,也是沒有推理、論據的。從
這方面看,尼采和我們中國的莊子很接近。《莊子》也是沒
有甚麼論證的。以〈養生主〉為例吧,除了開首「吾生也有
涯」到「可以盡年」五十八個字是敘述外,接下來便是一個
故事接一個故事,再沒有甚麼討論的文字了。又如〈秋水〉
結束時,莊子和惠施於濠上討論魚樂的故事,膾炙人口,但
是從哲學論辯、邏輯思維的角度去看,卻不能說有甚麼精
彩。故事的動人處不在邏輯思維。

　　因為缺乏推理、多用寓言,究竟尼采要說的是甚麼,
讀者有很大的演繹空間,往往需要多看尼采的作品,對他
有比較全面的理解才可以知道究竟。雅思培(Karl Jaspers,
1883-1969)在他討論尼采的書——《尼采:了解他的思想活
動的導論》(*Nietzsche: An Introduction to the Understanding of
His Philosophical Activity*),常常指出尼采的著述有矛盾,數

義並出。而另一位尼采專家考夫曼（Walter Kaufmann, 1921-1980）便批評雅思培這樣論說尼采是斷章取義，沒有把尼采所說的當成全體的一部分，或發展過程中的一個步驟去理解。[10]

雅思培這類的斷章取義是不自覺的。尼采作品的風格其實很容易令讀者有意地斷章取義。他是一個很有才華的作家，詞鋒銳利，言簡意豐。他又力求語出驚人，大有「語不驚人死不休」之概。因為他知道他自己的思想往往是逆流而前衛的，所以希望透過尖銳難忘的句子，給讀者大刺激、大震撼，叫他們不能不反省過往的信念、習慣，思索前面的方向。這些語句就像基督教《聖經》的金句、傳統上的箴言，很容易被抽離成為口號或標語，有人更會因一兩句這樣的話，把作者列為支持他們的理論或行動的同路人。第二次世界大戰前德國的納粹黨就是這樣割裂尼采以為己用。（當然割裂之外，還有故意歪曲和捏造證據。）在這方面，他就像在《不合時的默想》（*Unzeitgemässe Betrachtungen* 英譯 *Untimely Meditations*）所描寫叔本華（Arthur Schopenhauer, 1788-1860）的理想人一樣：「被誤解，長時期把他和他所厭惡的連在一起。」（*UM*, III 4）

尼采的「神死了」這句話便有不少時候被人斷章取義。很多人引了這句話便說尼采殺死了神，或者尼采宣判神的死刑。就是從這些簡單的引申，已經可以看到對這句話的誤解。首先，是不是尼采殺死了神？在《察拉圖斯特拉如是

說》第四部分第七節〈最醜陋的人〉（The Ugliest Man）所記載，察拉圖斯特拉在途中遇到一個人喊着說：

> 「察拉圖斯特拉。察拉圖斯特拉。猜猜我的謎語。你說！你說！誰向證人報了仇？⋯⋯驕傲的察拉圖斯特拉。你以為自己很有智慧，那麼解答這個謎語，你這個專門解答難題的人──我就是這個謎。告訴我：我是誰？」⋯⋯
>
> 察拉圖斯特拉以青銅一樣堅定的聲音回答說：「我很認識你，你就是謀殺上帝的兇手。讓我走吧！你不能忍受明察，洞悉變化，把你看透的那一位，你這最醜陋的人！你仇殺了這位見證人。」（Z, IV 7）

我們都曉得察拉圖斯特拉是尼采創造的，是尼采的代言人。這裏清楚的展示，尼采並不認為察拉圖斯特拉是殺死神的兇手。從他把謀殺上帝的兇手稱為最醜陋的人，以及解答謎語的語氣，我們可以看到他並不覺得殺死上帝是一件好事，是英雄的行徑。（本書後面將會詳細討論這一點。）所以抽離了「神死了」這一句，而硬派尼采為殺死神的兇手，或宣判神死刑的法官，是明顯的誤會。尼采宣佈（留心！是「宣佈」，不是「宣判」。一字之差，謬以千里。）神死了。我們要全面的看尼采的著作才會明白這句話的涵意，才可以發現誰是殺死神的兇手，才能夠知道究竟尼采怎樣看神死了這件事。

不過上述的斷章取義還只是曲解了尼采。有些斷章取義卻是把尼采變得凡庸。我想要是尼采復生,他大概可以接受他人的曲解,然而把他庸俗化,這位以人與禽獸同等,提出「超人」觀念的思想家,恐怕是怎樣也接受不了這樣的凡庸。[11]

且舉另一個例子,最近一位作者在討論尼采思想的時候引了《察拉圖斯特拉如是說》第一部分第八節〈山邊的樹〉(On the Tree on the Mountainside):「〔一個人〕越要向高處、向光明,他的根便需要堅決地掙扎,向地、向下,到黑暗之處、深邃之淵。」然後下結論:「要成大器,除了天分之外,還須有實學。」尼采因為他大學時受過文字語言的嚴格訓練,所以勸勉年青人要成功必須扎穩根基,打好基礎。「要成為真正的思想家,必須先接受嚴格的古典研究訓練。」[12]「向下扎根,往上結果」,上面美麗宏偉的建築,下面一定有穩固深厚的基礎,那是耳熟能詳的訓誨。一般小學或中學老師、父母,不必有甚麼遠見都懂得這樣訓誨學生、子女。然而尼采?這樣解釋尼采是斷章取義之尤。因為所引一段,在原文是未完的,引者把句子最後一部分刪掉了,所以點金成鐵,把尼采思想主要的、與眾不同的、最震撼的部分變成了無生氣的老生常談。請看原來的一段文字:

　　察拉圖斯特拉對年青人說:「……人跟樹一樣,他越要向高處、向光明,他的根便需要更堅決地掙

扎向地、向下，到黑暗之處、深邃之淵，到邪惡之
鄉。」

「對！到邪惡之鄉。」年青人大喊。「你怎樣會發
現到我的靈魂！？」察拉圖斯特拉微笑說道：「有些
靈魂是發現不到的，必須首先把他們創造出來。」

「對，到邪惡之鄉。」年青人再一次呼喊：「察拉
圖斯特拉，你說出了真理！……」（Z, I 8）

顯而易見，尼采強調的是「邪惡之鄉」，要表達的是一
個新穎的、逆流的、震撼的思想——要向上、向高、向光
明，我們必須把根向相反的方向延伸——向下、向低處、
向黑暗、向邪惡。他強迫我們反省和思索：為甚麼「到邪惡
之鄉」是「說出了真理」，是美麗上層的基礎？尼采這裏所要
表達的決不是扎穩根基，更不是扎好古典語文基礎才可以向
上發展，這樣平凡的道理。因為打好語文基礎和黑暗、邪
惡，無論如何扯不上關係。上面引文的作者大概看不明白
這段話，也沒有嘗試花工夫去弄清楚，乾脆便把「到邪惡之
鄉」一句刪掉。這樣斷章取義，曲解尼采是可以帶來十分壞
的影響的。這種介紹尼采的著述，雖然表面上似乎為尼采
爭取得上萬的讀者，但其實他們讀到的卻是曲解了的尼采。
這些讀者尚未讀過尼采的時候，別人提到尼采，他們也許會
停下來聽一聽。然而當他們自以為讀過尼采、認識尼采的
時候，別人提到尼采，他們便可能聳聳肩說：「讀過了，也
不外如是」，便不再留心聽下去，或者花時間去讀了。如果

對尼采的誤解是無意的，甚至是出於疏忽，也許還可以原諒，但上述這種減字解經的方法，卻難免有懶惰、不負責之嫌，那是十分不可取的。

除了上述的原因之外，還有一個尼采容易被人誤解的理由：他的思想不停在蛻變。他自己說過：「只有在蛻變中的人才可以維持與我接近。」（*BGE*, Aftersong）他思想的轉變最為人知的，就是他早年崇拜叔本華、華格納（Richard Wagner, 1813-1883），和華格納更是一度親密得情同父子。可是後來（1880 年左右）他便對這兩位的哲學思想有懷疑、排拒，甚至把華格納視為一種疾病。其實尼采的思想並不是突變，就是他對華格納的態度也只可以說是劇變，不能說是突變。相信尼采排斥華格納是一個一百八十度的大轉向，是忽略了尼采在《華格納個案》（*Der Fall Wagner* 英譯 *The Case of Wagner*）序言的話：

> 我最偉大的經驗是康復。華格納只是我的一種病。
>
> 我這篇文章肯定華格納是有害的，並不是表示我對這個病毫無感激之心，其實我同樣想指出對某類人——哲學家——他是不可缺少的。其他人或許可以沒有華格納，但哲學家卻沒有缺少華格納的自由……
>
> 一位音樂工作者對我說：「我厭惡華格納。可是我再也不能忍受其他〔人〕的音樂。」我完全明白他

的意思。同樣，如果一個哲學家說：「華格納是現代的總結。再沒有別的出路，一個人必須首先變成華格納的跟隨者。」我了解他的意思。（CW, 1）

反對華格納，因為他是華格納的跟從者，而作為華格納的跟從者，是他思想成長過程中必得走過的路。

要明白尼采，我們必須伴他走過他走過的路。雖然他後來的思想可能和以前的截然不同，但是如果不先了解那截然不同的以前，我們沒有辦法可以明白他所堅持的以後。倘若因為這個不同，我們忽略以前，只拼命嘗試去了解尼采以後的思想，誤解往往就難以避免了。換言之，要明白尼采，我們必須凌駕尼采表面零散的札記式體裁，不住地蛻變的思想，掌握他哲學的整體——雖然這個整體是一個在不斷變化中的過程。

所以這本討論尼采的小書便從他第一本出版的書籍《悲劇的誕生》（*Die Geburt der Tragödie* 英譯 *The Birth of Tragedy*）開始。

註釋

1　書內的中譯都是作者自己的。尼采的作品，是據參考書目內所列考夫曼（Walter Kaufmann）和／或荷凌第爾（R. J. Hollingdale）的英譯本（間或參考德文原文）重譯而成。
　　書中所有尼采著述引文的出處都只記在引文後的括號內，大寫英文字母是書的簡寫（見前〈本書引用尼采作品縮略語〉），後面的羅馬數目字代表書內的部分（Part）或篇（Essay），阿拉伯數目字代表分節數

目。如果有兩個阿拉伯數目字，間以斜線號，斜線後的數目字代表節內的小分段，譬如（Z, I 22/3）指的是《察拉圖斯特拉如是説》第一部分第二十二節的第三小段。如果有羅馬數目字，沒有書名簡寫，指的是《尼采全集》（**Gesammelte Werke**〔Musarion Edition 共 23 冊〕）的冊數。

2　*Beyond Good and Evil*（《善惡之上》，以後簡稱 *BGE*），trans. Walter Kaufmann, Translator's Preface. New York: Vintage Books, 1966, p. x, n. 3.

3　*BGE*. Translator's Preface, p. xi, n. 4.

4　Ronald Hayman, *Nietzsche: A Critical Life*, Letter from Franz Overbeck to Peter Gast 20 January 1889. New York: Penguin Books, 1982, p. 338.

5　*BGE*. Translator's Preface, p. xi.

6　Walter Kaufmann, *Nietzsche: Philosopher, Psychologist, Antichrist*. New Jersey: Princeton University Press, 1974, p. 495.

7　《權力意志》（**Der Wille zur Macht** 英譯 *The Will to Power*）雖然是尼采最後一本「著述」，但全書只是他人輯錄他遺下的稿件而成，並不是他自己一手完成的。

8　Ronald Hayman, p. 350.

9　Ronald Hayman, p. 350.

10　*The Birth of Tragedy*（《悲劇的誕生》，以後簡稱 BT），trans. Walter Kaufmann. New York: Vintage Books, 1967, Bibliography, p. 208.

11　「超人」是德文 " Übermann " 的翻譯。很可惜今日「超人」已是人所共知的漫畫或電影英雄 " Superman " 的中譯。考夫曼的英譯避開了把 " Übermann " 譯為 " Superman "，堅持把它硬譯為 " Overman "。（ " über " 在德文就是 " over " 的意思。）中文的「超人」其實也是 " Overman " 的一個好翻譯，「超」有「超過」、「超越」的意思，和 " over " 很貼切。所以雖然很容易叫人和 " Superman " 聯繫在一起，經過再三的考慮，我還是用「超人」來翻 " Übermann "。

12　陳鼓應：《尼采新論》（香港：商務印書館，1988 年），頁 5。

悲劇的誕生

戴安尼修斯和阿波羅這一對相反的原則在悲劇中昇華成為合體，以前從來未曾彼此面對面出現過的事物，忽然並列共處，相互照明，認識。(*EH*, III 1)

《悲劇的誕生》1872 年第一次出版，書名還有個副題：「從音樂的精神說起」。1878 年，第一版還在流通，尼采在內容上作了一些修正，發行了第二版。到了 1886 年，尼采為仍然在市面流通的一、二版加了一個序：〈自我批判的嘗試〉，又把書的副題改成：「希臘精神和悲觀主義」。

1872 年第一版出版的時候，學院派的反應大抵都是負面的。[1] 可是尼采的朋友，以及華格納圈子的人卻是讚不絕口。華格納的反應是：「親愛的朋友，我從未讀過比你這本書更美麗的書了。每一方面都是卓越的。我匆忙的先給你寫信，因為它攪動得使我不能自已。但我必須等到心情平復過來以後才可以正正式式的細讀。」他的太太歌詩瑪

（Cosima, 1837-1930）説：「你這本書真是美好，何等的美麗、何等的深邃、何等的敢言，我像讀詩一樣地讀你的書。它解答你我内心深處很多隱而未現的問題。」大音樂家李斯特（Franz Liszt, 1811-1886），歌詩瑪的父親，説：「書裏蘊涵一股洶湧、強而有力、烈燄似的力量，深深的攪動我。」[2] 這兩種極端的反應究竟孰是孰非？再往後的反應似乎負面批評的比較多。1872 年 11 月，《悲劇的誕生》出版後十個月，尼采在給華格納的信中説：

> 經過最近所發生的事，我其實應該沒有任何理由感到沮喪。因為我活在一個充滿友誼、鼓勵、希望的星系裏面。然而，我現在面對一個極大的困擾——冬季學期開始了，一個學生都沒有選我的課……。這個情況很容易解釋，在我同行中我的名譽低降，我教的這所小大學也因而受到影響。本來到上半年為止，選修我課的專修語文的同學，人數一直在增加，可是現在都似乎隨風而逝了。[3]

可見當時對這本書的劣評，甚至影響了學生對尼采的信心，令到修他課的人數大減。當然我們可以解釋説，尼采未到二十四歲，博士論文還未正式寫完，便已取得教授這個高職，十分招人妒忌。學院中人都翹首以待，要看看這位「新秀」到底有甚麽真材實料。他們的批評縱然不是因為嫉妒而吹毛求疵，起碼也會不自覺地從嚴了。

　　我對十九世紀中葉大學對學術論文的要求標準並不熟悉，但如果平心靜氣地以今日的標準衡量《悲劇的誕生》，這本書的確是達不到要求的。我並不是說這不是一本好書（也許這顯示了大學所謂「學術要求標準」的不合理），我只是說就今日大學評核論著的準則而言，當年學院派的反應並不過分，看來不是出於嫉妒，務必要把這位鋒芒太露的年青教授壓下去而後快。也許最中肯的評語是半個世紀以後英國的希臘文化專家康福德（F. M. Cornford, 1874-1943）所說的：「這本書富有想像性，深邃精闢的灼見，把整整一代的研究工夫遠遠拋在後面。」[4] 可是，眼光和灼見可以只是天才的妙悟，並不一定是嚴謹的推論，特別是學院派所認可的推論的結果。《悲劇的誕生》一書的結論還有待於後來的「學者」埋首書堆中去找尋「證據」的。這也許是學院派對《悲劇的誕生》一書較多負面批評的主要原因吧。

　　他人的批評還不打緊，可是尼采自己似乎也不滿意這本書，否則他不會在 1886 年加〈自我批判的嘗試〉一文作為《悲劇的誕生》的序了。不少尼采專家認為，從尼采成熟的思想看，《悲劇的誕生》不是很有代表性，所以他們論述尼采思想的專著，都只是把這本書輕輕帶過。不錯，《悲劇的誕生》的思想和尼采後期的哲學是有距離的。可是尼采哲學所關心的問題，所採取解決這些問題的方向，在這本書差不多都已提到過，而且表達得很清楚。這是尼采哲學道路的第一步，它和後來的不同，只是因為後來走遠了、挖深了，

是起點和終點的不同，卻不是相反的，不相容、不共存，以
今日之我攻昔日之我的不同。討論尼采的哲學，《悲劇的誕
生》還是個很好的出發點。

開宗明義，《悲劇的誕生》的第一段：

> 倘若我們不單從邏輯推理，還靠我們直接而又
> 準確的識力，便會看到，藝術持續的發展是和阿波羅
> （Apollo）以及戴安尼修斯（Dionysius）這雙重動力息
> 息相關的。就像傳宗接代要靠兩種不同的性別，以
> 及他們彼此之間不住的爭競和間歇性的和解一樣。
> 如果懂得這樣看，美學研究便向前邁進了一大步了。
> （BT, 1）

阿波羅是希臘神話中的太陽神，而戴安尼修斯是酒
神。尼采認為他們各代表一種不同的傾向和動力。這兩種
傾向平行發展，大部分時間公開地不同，互相刺激去各自
創新。這兩種力量後來奇蹟地被古希臘人的創意結合在一
起，產生了既是阿波羅式，又是戴安尼修斯式的藝術形式
——希臘悲劇。

甚麼是阿波羅式的傾向呢？尼采把它比作「夢境」。當
然夢有不同的涵義。這裏，尼采主要是突出一般人對夢的
兩種主要看法。第一，夢是美麗的，雖然實際的夢不一定
美麗，但一般人都會把夢和美好的事物、理想聯繫起來：所
以說到夢想，都是好的。如果夢想的不是美好的，我們不

會稱之為夢想。就如美國第一次派遣由職業球員組成的籃球隊參加奧運，球隊便被稱為「夢幻球隊」（Dream Team）。何以稱為「夢幻」？因為大家公認這是世界上最優秀、最理想的籃球隊。如果大家不認為球隊優秀、理想，絕不會冠以「夢幻」一詞。尼采引用了華格納歌劇《優秀歌手》（*Meistersinger*）的一段歌詞來解釋他所謂的夢：

> 詩人的職責就是創造和了解夢，
> 朋友你懂不懂？
> 美麗的幻想都在夢中展開，
> 這是人所共同。
> 一切詩詞歌賦都只是解釋人類真實的夢。

讓我們先對「美麗」這個概念作一點詳細的解釋。這裏的美麗不只是一般日常用語中的美麗，而是指具備形式、容易理解、有秩序。與美麗相反的，是亂七八糟，根本不成形的混亂。所以悲哀、疾病、痛苦，只要我們能夠把這些情況、感情，有秩序、具形式地表達出來，叫人人可以領悟、掌握，都可以是美麗的。當杜甫在春天的時候想到國破家亡、山川仍在、人事全非的時候，他心中滿是千頭萬緒的憂苦煩愁。這種感情並不好受，難以說是美麗。可是他把這種愁緒寫成五律〈春望〉：「國破山河在，城春草木深。感時花濺淚，恨別鳥驚心。烽火連三月，家書抵萬金。白頭搔更短，渾欲不勝簪。」把他紊亂哀傷的情懷，有秩序

的、具體的表達了出來，這便是美了。

可是這種美是有犧牲的。所犧牲的是真，〈春望〉所表達的和杜甫所感受的是有距離的，是整理過的、形式化了的，失去了那種撕裂靈魂的凌亂。這便引出了尼采要強調的夢的第二個特性。

夢是虛幻——也就是並不完全和現實相符。我們必須明白「虛幻」在這裏並沒有帶貶義。所謂虛幻就是和實在發生的有距離。根據尼采，一切我們可以理解、可以確認的經驗都是虛幻的，因為都是經過理智的整理，和現實有了距離。

舉一個例，報道一宗交通意外，發生意外的現場其實是一片混亂。所有客觀報道都是報道者抽取認為主要的部分，重新整理出來的。用另一種方法去說：要敍述，要明白，要了解一件事，人必須從一個觀點去看。然而任何一件真實發生的事都可以用很多不同的觀點去敍述的。只抽取其中幾個觀點去闡釋便是離開了真實，也就是說變成虛幻了，然而這是無可避免的。

這裏「虛幻」和「真實」的分別就像康德（Immanuel Kant, 1724-1804）本體世界（Noumenal World）和現象世界（Phenomenal World）的分別。所有現象都不是本體，都是和本體有距離的，都可以說是不真實。然而人就只能認識現象世界，雖然我們知道現象世界不是本體世界，和「真實」有距離。

因為夢有這兩種特質：美和虛幻，所以我們都有這樣的經驗：我曉得這是夢，不真實的、虛幻的，不過我卻願意繼續活在夢中。阿波羅的傾向便是把我們的經驗都昇華成夢，雖然不再完全真實，但卻是美麗的（留心！美麗不是日常用語中的意思）：可以接受、可以認知的。

解釋過阿波羅這一個動力，現在讓我們看看戴安尼修斯這另一動力，尼采是用「狂醉」來比喻的：

> 像受藥物影響下的原始人之歌，或因為春天的喜悅滲透了大自然，戴安尼修斯的感情被喚醒了。當這種情感越來越濃烈的時候，所有的事物都陷入完全忘我的境界。中古時代的德國在這種戴安尼修斯衝動的影響下，群眾載歌載舞穿州過市。在這些群眾當中，我們重新看到溯源至史前中亞細亞、巴比倫時代莎西亞狂歡節的古希臘酒神合唱團。有人或者以此為愚昧，也許有些經驗未深，自以為健康的心靈，因而迴避、可憐、蔑視這種行為，視這種現象為民眾的疾病。他們哪裏曉得他們這種自以為具有「健康心靈」的民眾和這種活力四射的戴安尼修斯的歡樂人群相形之下，只是行屍走肉的活死人。（BT, 1）

在戴安尼修斯精神的感染下，人和人、物和物、人和自然之間一度被認為必須有的界限和藩籬都打破了、剷除了。回復到原始一體的渾沌。在這種狀態下：

人不再是藝術家，而成了藝術品……質素最高的瓷土，價值最高的雲石都在這裏被陶造、被雕琢，在這些雕鑿聲中，戴安尼修斯世界的藝術家大聲喊着說：「蒼生啊，為何不俯伏？宇宙啊，你可感受到你的造物主？」（BT, 1）

從上述對阿波羅和戴安尼修斯這兩種動力的解釋，我們很容易會認為尼采是推崇讚美戴安尼修斯而貶抑阿波羅，在他心目中阿波羅極其量只是次要，於是便遽爾下結論：以為就尼采而言，戴安尼修斯是好的……，阿波羅是壞的。這樣的結論下得未免太草率了。其實在這兩者之間，尼采並無偏愛。在整本《悲劇的誕生》中隨處可見，尼采認為兩者相輔相成，缺一不可。阿波羅的好處，我們一般人都看得見，易於接受。可是藝術作品，特別是文學裏面戴安尼修斯的影響卻不是一般人看得見，它的重要性更不是容易了解。所以尼采特別用心刻意的描畫戴安尼修斯，我們也因此印象特別深刻，覺得有點誇張，有點過分。因此產生了尼采揚戴安尼修斯、貶阿波羅的誤會。然而只要我們客觀地、細心地看一看，他對這兩股力量，其實同樣推崇，反而對戴安尼修斯精神，尼采因為看到它的陰暗面而有所顧慮。如果今日仍然有人覺得尼采厚戴安尼修斯、薄阿波羅，只不過反映了傳統一貫的偏見而已。

我們且看《悲劇的誕生》最後一節：

　　假如我們想像〔音樂裏面的〕不調協的樂音變成
了人——〔其實〕人除了是這種不和絃之外還是甚麼
——這種不調協的樂音要存活下去是需要一種多姿
彩的幻象，替它披上美麗的面幕，這便是阿波羅藝術
的真正目的。在他（阿波羅）的名下，我們明白表象
裏面所有不可勝數的美麗幻象。這使我們的生命值
得活下去，這使我們有為了要經驗未來一刻而活下去
的欲望。

　　戴安尼修斯是這個世界的基本，一切存在事物
的基礎，然而僅僅被阿波羅改變形象，被他能力所馴
服的部分，除此之外絕對再沒有絲毫其他部分，可以
進到人類的認知範圍之內。阿波羅和戴安尼修斯這
兩種能力呈現的時候必須恪守在永恆公平原則下的嚴
格比例。（*BT*, 25）

　　由此我們可以看得清清楚楚尼采對這兩種精神是同樣
重視，無所偏愛的。

　　每個人都有七情六欲，在沒有人為的藩籬下，我們愛
得深、恨得切。我們彼此爭競、逞強。這些原始的情感、
衝突是有血有肉的真實。當我們在今日的社會偶爾衝破了
不知何時定下的屏障，如上述巴比倫社會的狂歡節，回到原
始的粗野和渾沌，往往感到一種莫名的快感。然而這種原
始的情欲如果沒有節制——如果讓狂歡節日的自由，無限
制、無束縛的維持下去，卻會帶來巨大的破壞，因為這些

原始粗獷的活力往往成了不能控制的漩渦。面對這種巨大的力量，我們震慄、驚惶、手足無措。然而這是人類的開始，人類的現實——這就是尼采要我們直視的戴安尼修斯動力。在藝術的領域中，阿波羅動力便是藝術家直視這個原始而粗獷的世界，把它塑造成有秩序的，我們可以欣賞明白的藝術品。

> 古希臘人勇敢的直視這個我們稱為世界歷史上可怖的破壞力，以及自然界的殘酷，卻又避過佛教那種滅絕人類意志的渴求，創出了藝術。藝術拯救了他——透過藝術，獲得生命。（BT, 7）

阿波羅動力便是接受人類這種原始的生命力，把它昇華成為美麗的、可以被欣賞的、有提升力的藝術品。從無意義卻充滿粗野原始生命力的人類活動中，呈現勇敢、犧牲、克難……各種的美麗和理想，幫助我們從過去學習面對將來。

我們都聽過希臘神話中奧迪倍斯（Oedipus）的故事，他解答了獅身人面獸之謎，可是在非他所能控制的情況下，他殺死了自己的生父，娶了自己的生母。後來他發現自己犯了這種亂倫的彌天大罪，便自己弄瞎雙眼，自我放逐。奧迪倍斯的殘酷遭遇，告訴我們甚麼呢？

尼采說：在波斯有一個古老的傳說，有智慧的巫師只能由亂倫而出生。人間高度的智慧，往往破壞了以前的秩

序，所以會被看成罪惡。奧迪倍斯的遭遇在悲劇作家蘇富哥拉斯（Sophocles, 496-406 B.C.）的筆下便正正讓我們看到同一的道理。這個參透天地間的奧秘：能夠強令自然公開秘密的人（指的是奧迪倍斯解開了獅身人面獸的謎語），一定是凱旋地抗拒過自然，或者是在反自然情況下出現的。然而「智慧推至極限，便會回頭反噬有智慧的人，智慧是違反自然的罪行」。在天才作家的筆下，這便是奧迪倍斯的遭遇所傳遞的消息。這個可怕的信息在作家的才華塑造下昇華成文學上的天籟。（BT, 9）可是蘇富哥拉斯在《奧迪倍斯》裏並沒有直接向我們説教。他只是把奧迪倍斯的遭遇整理，用他創造的形式向我們展示，讓我們自己直悟到這個道理，在這個道理的照耀下，奧迪倍斯可怕的遭遇霎時變得清晰明白、高貴動人。

《悲劇的誕生》一書中最著名的一句話是：「只有變成美學的現象，這個世界和其中所有的事物才可以被永遠肯定。」（BT, 5）希望這一章對美、虛幻，對阿波羅和戴安尼修斯這兩種力量的解釋能幫助我們明白這一句話。

註釋

1　這些負面的批評，R. J. Hollingdale, *Nietzsche: The Man and His Philosophy* 的第五章，頁 96-104 及 Ronald Hayman, *Nietzsche: A Critical Life* 的第五章，頁 106-147 都有記載。

2　Ronald Hayman, *Nietzsche: A Critical Life*, pp. 146-147.

3   R. J. Hollingdale, *Nietzsche: The Man and His Philosophy*. Baton Rouge, La.: Louisiana State University Press, 1965, p. 100.

4   R. J. Hollingdale, p. 104.

悲劇的死亡

我是第一個認識到蘇格拉底是一個典型的腐化者，令希臘精神解體的兇器。「理性」與本能抗爭，不惜任何代價都要爭取「理性」，是破壞生命的一股危險的力量。（*EH*, III BT/1）

希臘悲劇經過一二百年的黃金時期，終於沒落、死亡，尤利彼帝斯（Euripides, 480-406 B.C.）是希臘悲劇最後的一位大作家了。希臘悲劇是阿波羅和戴安尼修斯這兩種動力的產品，那麼希臘悲劇又為甚麼殞落，因何而死亡呢？

希臘悲劇的下場和比她古老的藝術不一樣，她死於自殺，因為她遇到不能協調的衝突。其他的藝術都是享盡高壽安詳寧靜地逝世的，而她卻死得很悲慘。……〔其他的藝術〕死前都看到新生優秀的接班人，不耐煩地昂首等待、躍躍欲試。可是當希臘

悲劇死亡的時候，處處都深深感到一個巨大的空白。
（*BT*, 11）

這是尼采對希臘悲劇——他認為人類最光輝的藝術——死亡原因的看法。

根據尼采，這個不能協調的衝突，就是在阿波羅和戴安尼修斯這兩種力量之間，橫空插入了美學上的蘇格拉底主義（Socratism）。蘇格拉底主義就是希臘悲劇死亡的主兇。

甚麼是美學上的蘇格拉底主義呢？蘇格拉底（Socrates, 470-399 B.C.）認為「知識便是美德」。當人把這個原則用在藝術上面的時候便產生了「一切美麗的事物必須是可以理解的」這個信念。（*BT*, 12）這個信念導致了希臘悲劇的殞落。

當我在第二章〈悲劇的誕生〉中指出，根據尼采之言，阿波羅動力就是古希臘的劇作家直視戴安尼修斯的現實，為它披上一件「美麗」（請留心「美麗」在這裏是有特別和平常不同的涵義）的外衣，使它變成一般人可以認知、明白、欣賞的藝術，我是刻意避免用上「理解」一詞的。尼采在寫《悲劇的誕生》時，還是深受叔本華哲學的影響，認為除了日常從五官所得的經驗，和運用理智所推得的知識外，人還有另一條認識這個世界的途徑，那就是美學上的直觀。從美學直觀所見的是藝術，而藝術給予我們對世界的認識是超乎由五官而得的經驗，和從推理而得的知識。美學上的蘇格拉底主義卻把藝術壓抑在理智之下——「一切美麗的事物必須是可以理解的。」

「理解」在蘇格拉底看來是唯一可以通到真理的途徑。循理智推得的知識是事物唯一的真相。

> 〔蘇格拉底〕相信事物的真相是可以被揭露的，他把〔從推理而得的〕知識看為萬應良方，而知識的謬誤是最大的邪惡。對蘇格拉底主義者而言，把真知識和表象及謬誤分別開來是最高貴的，甚至是人類唯一的真職守。……就是最崇高的道德行為，攪人懷抱的悲憫，自我犧牲，英雄氣概，以至最難達到的那種心靈清明平和，希臘人所謂阿波羅的無嗔[1]，蘇格拉底和他的跟隨者認為都可以從辯證知識中獲得。（BT, 15）

然而為了蘇格拉底主義所追尋的理解而放棄了美學直觀所得也便戕害了藝術。

希臘悲劇最後的一位大家——尤利彼帝斯，便是把美麗的事物必須是可以理解的這個原則運用到他的作品之內，這就是為甚麼他是希臘悲劇最後的大師，為甚麼希臘悲劇會死在他的手上的原因了。尼采用尤利彼帝斯作品的「楔子」為例來解釋美學的蘇格拉底主義，以及蘇格拉底主義令希臘悲劇死亡的理由。

尤利彼帝斯的劇作喜歡在啟幕前先來一個楔子，由一位演員告訴觀眾他扮演怎樣的一個角色。而這個角色，通常都是當時觀眾覺得非常可靠的，例如一位古希臘神祇。

這個角色告訴觀眾，劇情開始前發生過甚麼事，甚至告訴觀眾劇情會怎樣發展。就觀眾而言，因為楔子出自這個可靠的角色之口，所以都是真確的。他所述的過去，一定發生過，而預告要發生的，也定必會發生。從今日的觀點去看，這是匪夷所思，因為在啟幕前如果觀眾已經知道了劇情怎樣發展，那還有甚麼值得看下去的地方呢？可是在美學蘇格拉底主義「一切美麗的事物必須是可以理解的」這個原則下，當時的劇作家並不是這樣想。他們的目的是誘發觀眾某種情感——或喜或悲。任何因素使劇情不能產生預期的效果都是應該排斥的。在他們心目中，要達到這個目的，最大的障礙是觀眾對劇情有不明白的地方，或對劇情某些環節理解錯誤。如果觀眾有不明白或誤會之處，他們便不能產生劇作家所希望產生的反應和感情了。為了避免發生這種情況，倒不如安排人把劇情預先向觀眾說明白。

　　尤利彼帝斯以前的悲劇作家可不是這樣的。艾斯佳拿斯（Aeschylus, 525-456 B.C.）、蘇富哥拉斯極其量只是在第一幕中把劇情發展的線索不着痕跡的交在觀眾手裏。他們明白他們所寫的劇本只是把戴安尼修斯動力所產生的種種套在一個美麗的形式裏，也就是給予它一個阿波羅的面譜，使觀眾可以領會。他們很明白這個面譜是必須的，否則真實世界中的戴安尼修斯這個充滿粗獷動力的漩渦會叫人茫無頭緒，可是他們又同時了解，他們所套上的面譜只是一種看法、一個觀點，絕對不是唯一的真實。劇作主要目的是啟

發觀眾，給他們一條欣賞這個「漩渦」的途徑。他們欣賞過後，自己可以創出另一種形式，為真實配上另一種面譜。

　　未曾受美學上蘇格拉底主義影響，和受了影響的希臘悲劇，兩者之間表面的差異並不大，可是背後的理念卻是十分不同。前者的作家是把渾沌的原始套上一個形式讓人明白，而這個形式只是一個方向，並不奉為真理；後者雖然同樣為真實配上面譜，但卻把這個面譜視為「真相」。以後的作家更糟糕，他們是先有了他們認為的真相，而不惜把戴安尼修斯的真實削足就履，勉強塞進表達這個真相的形式之中。他們有點像《老子》三十八章所說的上禮之人：「上禮為之而莫之應，則攘臂而扔之。」希臘神話的普羅寇司地斯（Procrustes）自稱有一張床，任何人無論身高多少睡上去都不長不短恰恰合度。原來他把高的砍了頭或截斷雙足，矮的以機器勉強拉長，也不管睡者的死活。受了美學上蘇格拉底主義影響的古希臘劇作便越來越像普羅寇司地斯的床。不過這進一步的「墮落」是後話。書的後面會有討論，在此暫且按下。

　　《悲劇的誕生》第十五節：「黎誠（Gotthold Ephraim Lessing, 1729-1781）這位最誠實的理論家大膽地宣告他關心真理的探索更甚於真理的本身……」考夫曼的譯文在這裏加了個註，把黎誠的原文全段引出：

　　　　人的價值不在他擁有或自以為擁有真理，而

在他對探索真理那種誠懇的努力。因為人的能力是
透過探索真理，不是靠擁有真理而擴張的。唯有透
過真理的探求人才能臻於至善。擁有真理只叫人靜
止、懶惰、驕傲。

　　假如上帝把真理完全掌握在他的右手，而左手
卻持有獨一無二的、對真理永恆的探索，而且還說
這個探索會永遠地不斷犯錯誤。然後祂對我說：「選
擇！」我會謙卑的握緊祂的左手說：「父啊！這個給
我！純淨的真理只有你才配得！」(*BT*, 15 n. 3)

再沒有比這段文字更感人了。這就是為甚麼尼采認為
美學上的蘇格拉底主義殺死了希臘悲劇，因為接受這主義的
人是爭取上帝右手所持有的，而在此之前，希臘悲劇作家卻
是像黎誠一樣，抓緊上帝的左手。

　　尼采認為從蘇格拉底引進了「一個不動搖的信念，就是
沿着邏輯的線索，我們的思想可以滲透生命最深的角落，不
但可以讓我們明白生命，甚至可以矯正生命」。(*BT*, 15) 這
是尼采所不能接受的，他堅持生命，包括其中的衝突、狂
野，是最基本的。沿着邏輯線索的理智，只可以整理生命
而顯示它的某一面，讓我們明白，卻不該把豐富的生命削足
就履，定於一尊。

　　科學，尼采認為是蘇格拉底主義最有代表性的產品。

　　在〔理智可以引導我們尋得事物的真相〕這個強

力的幻象的驅使下，科學無可抗拒地向着它的邊限飛馳。就在那裏〔它的邊限上〕，一直蘊涵在邏輯中的樂觀也便觸了礁。在科學圈子的邊限上，有無窮無盡的點，我們還未知道究竟可有方法能夠全面勘察這整個圈子。然而不少尊貴的、富有天分才華的人只用了半生工夫便已經到達了邊限上的某一點，從那裏他們眺望那尚未被照亮的外面，他們驚怖地發現，邏輯在這個邊限上反彈回來，最後〔像蛇一樣〕反咬自己的尾巴。這剎那他們有了新的體悟——悲劇的體悟。這個只能接受，只能容忍的體悟需要藝術的保護和療養。（ *BT*, 15）

上面便是尼采《悲劇的誕生》一書的梗概。他這本處女作，已經包含了他一生哲學思想的幾個主要因素。

第一，戴安尼修斯的精神。尼采認為一切的哲學、思想都必須以生命的真實為素材。任何拋棄現實或者乖離真相，就是只一丁點兒，也是不能接受的。而生命的真實便是戴安尼修斯那種原始粗獷、活力澎湃的衝動，我們必得全部接受，不能厚此薄彼、抑此揚彼。

其次，這個戴安尼修斯狂野的漩渦是我們所難以駕馭的，因此我們需要加以整理，套上一個形式，叫我們可以起碼有一個觀點。在這方面尼采的看法是非常接近莊子的。在〈齊物論〉，莊子提出此亦一是非、彼亦一是非，也便是說這個宇宙渾沌，需要有一個觀點才可以顯出是非條理。

當然最中心的是要執其環中,就像廁身於風暴的眼中觀看在身旁的洶湧澎湃、駭人魂魄的狂飆。王國維說:「偶開天眼窺紅塵,可憐身是眼中人」,也便是這個意思了。尼采在這方面比莊子實在。他看到要明白我們所處的宇宙、我們的生命,必須有一個觀點,雖然任何觀點都只能給予我們這個戴安尼修斯真實的一面,只能給我們看到一個殊相。所以透過任何觀點所看到的都不是絕對的真實,都只是虛幻(Illusion),但這個虛幻是唯一賦予真實條理的途徑。只要我們明白此亦一是非、彼亦一是非,不膠滯於一個是非,肯繼續不斷地去覓求另一是非的標準也便無礙了。

這個賦予真實條理的傾向和動力,應用在創作希臘悲劇的時候,便是所謂阿波羅精神。不過後來的尼采要把這種阿波羅和戴安尼修斯的調和不止應用到藝術方面,還應用到哲學、人生方面去。在《輕快的科學》(*Die Fröhliche Wissenschaft* 英譯 *The Gay Science*)的第 290 節,尼采說:

> 有一樣事是必須的——給自己的性格找到形格(Style)。這是稀有的藝術。這是一個人考察自己性情裏面的強項和弱點,而替它找到一個藝術藍圖。透過這個藍圖的實現,他性情裏面的一切都變得如藝術一樣的合理,甚至他的弱點也變得賞心悅目。(*GS*, IV 290)

這顯而易見便是把希臘悲劇成功的原則應用到做人方

面。在尼采心目中，把這阿波羅、戴安尼修斯互相調和的原則應用到生命上去，最顯著成功的例子便是歌德（Johann Wolfgang von Goethe, 1749-1832）：

> 他把自己操練成一個完整的個體，他創造了自己。（*TI*, 9/49）

戴安尼修斯精神在尼采的哲學中實在是太石破天驚、太新穎，所以注意的人特別多。而阿波羅這種把世界、把生命賦予一個條理、一個是非，為世界摘取一個觀點的理論，雖然十分重要，但在西方哲學的主流中，直到尼采的年代都是鮮有人提過的。現在應該是時候深入研究尼采這方面的看法。

考夫曼也作過同樣的呼籲。在 1974 年，他認為尼采研究還有些缺憾，首先尼采的著述還未曾全部翻成英文，他指出一些亟待翻譯的文獻——如尼采的書信、拾遺（Nachlass）等等。接下來他說：「我們需要對尼采的思想和影響未被認真探索過的某些方面作些學術性和有見解的研究。舉幾個例⋯⋯尼采對藝術、科學、語言的看法，以及他的觀點主義（Perspectivism）⋯⋯。」[2] 在過去的數十年，考夫曼所指出尼采研究不足的很多方面已有不少學者着手探索了，可是觀點主義似乎還未有人認真碰過。《莊子》的哲學也可以說是觀點主義，熟悉老莊而又對尼采有興趣的中國學者在這方面也許能夠有一點貢獻。

　　至於把希臘悲劇精神，也就是調和阿波羅和戴安尼修斯這兩個動力的原則運用到哲學、思想方面去，《察拉圖斯特拉如是說》就是典型的產品了。

　　最後，從悲劇的誕生到悲劇的死亡，尼采認為希臘悲劇的死因是美學的蘇格拉底主義。跟阿波羅動力不同，美學上的蘇格拉底主義是把戴安尼修斯理性化，不只是為戴安尼修斯冠上一個觀點使之條理化，而是為這原始的真實找一個絕對合理的解釋，在此亦一是非、彼亦一是非這些彼此不同的觀點中，選定一個唯一的觀點，在諸殊相中發現一個真相。理性，就尼采看來只是生命的一個因素，不能、也不該把它代替或視為生命的全部。

　　蘇格拉底被審的時候在自辯中說：

　　　　我有一個奇特的經驗，一直以來都有一個神異的聲音經常與我同在。就是在不甚重要的事上，如果我作了一個錯誤的選擇，它都會反對。現在，大家都曉得我是面臨生與死的抉擇，然而從我今早離家，在法庭上站在各位面前的整個自辯的過程，這個聲音從未反對過我所說和我所作的。雖然以往它常常在我一句話還未說完的時候便已經打斷我，提出反對。怎樣解釋它的沉默呢？我告訴你：也許我現在面對的〔被處死〕其實是一個祝福，而我們錯誤地認定死亡一定是壞事。我這樣想是有很好的理由的，這個一直與我為伴的聲音從來不會噤聲不反對，除非我

的選擇一定為我帶來好結果。（Plato, *Apology* 40 a-c）

　　尼采在《悲劇的誕生》指出，蘇格拉底所聽到的這個聲音，並不是推理的結果，而是發自他內心，是他本性的一部分（如果用中國習慣的說法是蘇格拉底良知的聲音）。這個聲音，根據蘇格拉底的自述，只是在反對他的抉擇時才出現的。換言之，只是負面的勸阻，從來沒有提出過積極的指示。尼采說：

　　　　發自本性的智慧只是偶爾地出現阻撓理智的決定，這是極度不自然的。〔本來〕創造力都是以發自本性為正面的力量，而理智的責任應該只是批判和勸阻。但在蘇格拉底而言，〔卻恰恰倒了過來，〕本性變成了批判者，而理智反成了創造者，那實在是最詭異的畸形。（*BT*, 13）

　　這段話讓我們清楚的看到尼采哲學和人生觀的基本原則。生命的動力是我們的本性：與生俱來的衝動和七情六欲，這也是藝術和思想的素材。理智只是用來賦予這些素材可被認知的形態，叫我們可以討論、欣賞，而不是用來規範，更不是更改這些真實。在十九世紀理性高張的哲學界，年青的尼采居然敢提出這些逆流的話，可見他的與眾不同。也怪不得他驕傲地自詡：「我是第一個認識到蘇格拉底是一個典型的腐化者……不惜任何代價都要爭取『理性』，是破壞生命的一股危險的力量。」（*EH*, III BT/1）

　　尼采整個思想生命便是探索怎樣面對這些人類與生俱來，卻不由得他們呼之則來、揮之則去的性情；怎樣去理解、去接受、去處理，從而展示人類向前邁進的方向。人的成長是以這些原始力為基礎、為動力。思想家的責任，是怎樣利用這些動力去推動生命，以及提出推動的方向。他從古希臘悲劇的誕生中看到一條出路。在悲劇的死亡中看到這條路的被窒息，看到千多年來人類走過的絕路。他希望能把引發出希臘悲劇的活力復活過來，不止應用到文學方面，更用到人生方面。經過一生的思索，他後來的體悟當然比在《悲劇的誕生》一書所呈現的更成熟、深邃，但卻不是相反。成熟的尼采哲學，基本上和《悲劇的誕生》所說的是一致的。

　　尼采在撥亂反正，指出這條既舊復新的路之前，必須讓人覺今是而昨非。所以他先指出幾條不少人認為是興旺的康莊大道，然後證明其實都是行不通的絕路。下面讓我們先看一看尼采撥亂，也就是破的工夫；然後再討論他的反正，立的哲學。

註釋

1　這裏尼采用的是 "Sophrosune" 這個希臘字。我參考了一些譯本覺得這個字所指的境界和佛家的「無嗔」接近，譯為「無嗔」也易為國人明白，所以大膽以一個佛家語來翻譯這個希臘字。

2　Walter Kaufmann, *Nietzsche: Philosopher, Psychologist, Antichrist*, pp. 494-495.

與華格納的決裂

就我而言，他們是階梯，讓我由此而上，所以我必須
超越他們。可是他們卻以為我會在他們那裏安身立
命。（*TI*, 1/42）

　　稍稍知道尼采生平的人大概都知道他和大歌劇作家華
格納決裂的事。年青的時候，尼采和華格納情同父子（華
格納和尼采的父親同年出生），是華格納圈子裏面的核心人
物。可是兩人的思想差異越來越大，關係也越來越疏離。
兩人在 1876 年 11 月見了最後一面之後，直到華格納 1883
年逝世，差不多七年，再沒有見過面。（從 1869 年到 1872
年，華格納住在瑞士特轟鎮（Tribschen），尼采在巴素教書，
三年多尼采探望了華格納二十三次，往往在華格納家住上
三四天。七年沒有見面，我們可以從中窺見兩人之間的感
情，在華格納生命最後的七年之內是如何的疏遠了。）到了
1888 年——華格納逝世後五年，尼采出版了《華格納個案》

一書，猛烈的抨擊華格納。華格納的圈內人已經知道很久的事實——尼采和華格納之間的不和終於公開了。有人認為尼采等到華格納死了以後，不能再為自己辯護，才發表攻擊華格納的文章，對這位他一度十分尊敬的長輩未免有欠公允。可是亦有以為，尼采雖然對華格納不滿已經有一段時間，可是一直保持緘默，沒有公開決裂，直到華格納逝世一段日子，才發表他反對華格納的理由，是避免令這位長輩難堪，其實是十分厚道。到底這兩個看法，哪一個有道理？本書主要是討論尼采的思想，便不下判斷了。

《悲劇的誕生》一共有二十五節，考夫曼在他的英譯本第十五節的結束有如下的註語：

> 這本書應該像原來的版本（《蘇格拉底和希臘悲劇：從音樂精神談悲劇的誕生》（*Socrates und die griechische Tragödie: der Geburt der Tragödie aus dem Geiste der Musik* 英譯 *Socrates and Greek Tragedy: The Birth of Tragedy out of the Spirit of Music*）在這裏結束可能更適合。有關悲劇的誕生和死亡的討論，到了這一節大致已經結束。後面一大段慶祝悲劇的再生其實是敗筆（尼采不久便後悔加了這一段）。（*BT*, 15 n. 11）

考夫曼說得對，有關悲劇誕生和死亡的討論到了全書第十五節基本上已經結束。全書的第十六節到二十五節只

是對華格納的讚美。1872年年初,尼采從華格納的歌劇看到二千多年前已經消失了的悲劇精神。他存着極大的希望,認為循着華格納歌劇所開出的道路,死亡了的希臘悲劇又可以重現人間。華格納在他眼中是當時歐洲音樂藝術,甚至思想的救世主。到了1876年年底,尼采在思想上已經和華格納南轅北轍,他們感情的破裂只是未公開的事實而已。華格納成了尼采撥亂反正中的第一件要破的。這短短五年間,到底發生了甚麼事呢?

有人認為尼采和華格納關係的破裂,只是性格上的衝突,以及其他外在的因素。華格納是一個自我中心的人。尼采認識他的時候還只是一名博士生,到他成為華格納圈內的親信分子,也只是剛剛任教大學,而華格納當時已是大名鼎鼎的歌劇作家。再加上華格納根本上便是言論滔滔,慣於頤指氣使,而尼采卻是生性沉默寡言,當然對他言聽計從,只有聆聽順從的份兒。根據記載,他們最後一次見面,尼采雖然對華格納的言論和行為已經極不同意,但仍然是差不多只有華格納一人在侃侃而談,尼采只是靜靜在旁聆聽。可是當尼采慢慢成長,思想和見解逐漸成熟的時候,兩人的矛盾便產生了。在這裏只舉一例以見一斑:1872年華格納邀請尼采到他拜壘(Bayreuth)的新居度聖誕,尼采沒有去,卻在自己的故鄉南堡(Naumburg)和其他朋友過節。華格納大大不高興。尼采在1872年聖誕節給華格納夫婦[1]送上他的書稿作為禮物,並徵求他們的意見。為了

表示他們的不愉快，華格納夫婦並沒有片言隻字的回音。尼采不知就裏，1873 年 1 月 24 日給他們發了一封電報。歌詩瑪在 2 月 12 日才作回覆，解釋她遲遲不回信是因為先讓時間修補這個「小」裂痕。尼采在 1873 年 2 月 24 日給他的朋友——同是華格納最親近的圈內人之一——居司多夫（Gersdorff, 1844-1904）的信中説：

> 天憐見，我經常令「大師」生氣。每一次發生的時候都令我詫異，無法明白究竟是甚麼原因⋯⋯。在重要的事上，我沒法想像有任何人對華格納比我做得更好。但是，在次要的小事上，我必須要有一點自由，在頻密的個人接觸下必須有這種正常的疏離，然後才可以維持高度的忠誠⋯⋯。這一次，我無法想像我又怎樣嚴重地頂撞了〔他〕，這樣的經驗恐怕叫我以後更進退失據了。[2]

不過這些性格上的衝突，以及往來上的誤會，我看不是破裂的原因。因為尼采精神崩潰前最後的一本書提到華格納的時候，他説：

> 談到生命的再造，我一定要對給我重生最溫暖、最深摯的影響説句感謝的話。毫無疑問，那就是我和李察・華格納之間親密的友誼。所有的人際關係我都可以賤價的放棄。可是無論甚麼價錢，都不會叫我放棄我生命中在特轟鎮的那些日子、那種歡

樂、那種超凡的閒事、深邃的時刻。

　　我不曉得其他人和華格納的經驗，我們的天空從來未曾有過半點陰霾。（*EH*, II 5）

到了生命的最後階段，當他回想和華格納那段友情，就是包括了華格納的專橫、自大，尼采還是異常的珍惜。所以我看不是因為華格納這個人的性格，尼采才和他決裂的。那麼尼采為了甚麼緣故和華格納分道揚鑣呢？其實他們分手的原因可以用和華格納生命有關的兩個名字來總括——《柏司福》（*Parsifal*）：華格納最後的一齣歌劇[3]，和拜壘（Bayreuth）——華格納音樂的至聖所，華格納在那裏建了一座專門演奏他自己音樂的歌劇院，每年一度在那裏舉行華格納音樂節。

尼采在《悲劇的誕生》裏高度的讚揚華格納的音樂，認為它涵括了古希臘悲劇的精神，可以領導西方文明的再生，重現古希臘文化的光輝。可是他逐漸地覺得受了欺騙。華格納的音樂和他以為這些音樂所代表的精神原來是大相逕庭的。在《華格納個案》這本小書裏，尼采稱華格納為最佳的演員[4]：

　　你不懂得華格納是甚麼，他是個一流演員。……演員華格納是一個專橫的君主，他的煽動力可以摧毀所有品味、所有抗拒。……華格納到底是不是音樂家？無論如何，他更是其他的東西——就是無人能

及的演員，最偉大的模仿者，德國戲劇院的驚人天才，是我們最佳的舞台藝術家。（CW, 8）

尼采這段話不是稱讚華格納，而是貶低他。從把他貶為演員，我們可以窺到尼采為甚麼反對華格納。在《悲劇的誕生》中，當尼采討論尤利彼帝斯的劇作和高峰期的悲劇有甚麼不同的時候，他說：

當我談到悲哀的情事，我的眼充滿淚水；當我提到恐怖可怕的事情，我毛髮驚慄直豎，心跳加劇。……尤利彼帝斯就是那個心跳加劇、毛髮直豎的演員。……他設計整個計劃，以熱情演員的身份執行〔這個設計〕。無論在設計方面、執行方面，他都不是一個純藝術家。（BT, 12）

演員的動作情感是因應劇情需要而做的。一個劇作家如果存着演員的心態，他的劇作就會淪為只是為了達到某一種效果而寫，而不是因為被他真正的感受所驅使而作了。真實的藝術家不會先設定預期的效果，他只是對自己的內心忠誠和負責。他只是把他看到的、感受到的，呈現在觀眾的面前。如果套用上引尼采的話，劇作家只是談他的感受；悲哀、戰慄只是觀眾心裏自然激發出來的效果。他們流淚，他們毛髮直豎是對劇作家所傳達的感受的反應。演員卻是把這個程序倒置了。他以眼淚、毛髮的直豎這些外在的行為去傳遞這些感情——究竟他是否真的有這種感

受，那可並不重要。

　　當然，好演員必須靠這些外在的行為去演繹劇本。尼采不是反對演員演戲，他只是反對作家也存這種心態：作品只是為了得到觀眾的某種反應而製造，並不是真個有感而發，並不是出於作家的內心。劇作只像演員舞台上的動作，為了達到某種效果而創造的。

　　尼采除了認為華格納的作品不真實之外，他還覺得華格納作品沒有啟發性──或者更貼切一點來說──華格納不讓觀眾在他的劇作中自己找尋意義，得着啟發。

　　當尼采把比才（Georges Bizet, 1838-1875）的《卡門》（Carmen）和華格納的歌劇比較的時候，他說：

　　　　《卡門》的音樂把觀眾當成有智慧的，像另一位音樂家。就這方面而言，這也是和華格納迥異的。華格納，無論其他方面怎樣，是世界上最沒有禮貌的天才（華格納當我們是──他常在說教，直到我們都煩死了，直到我們相信）。（CW, 1）

　　在前面討論《悲劇的誕生》那幾章裏面，我們已經看到尼采認為偉大的文學作品，作家只是把他所看到的呈現於讀者或觀眾面前，讓讀者自己去汲取其中的意義。美學的蘇格拉底主義卻要把作者的想法弄得一清二楚地告訴讀者，這種說教式的藝術，把古希臘的悲劇置諸死地，是尼采所不能接受的。

　　華格納在音樂創作方面，尤其是後期作品，喜歡運用所謂主導樂句（Leitmotif）[5]，就是把作品中的某些樂句賦以特別的涵義。譬如代表某個人物、某種情況、特別的觀念等等。每當這些樂句出現的時候，他便在提醒聽眾他要在這裏傳遞的消息到底是甚麼（這叫人想到尤利彼帝斯的「楔子」）。在華格納的歌劇中，他的音樂是不斷地在詮釋劇情，不讓聽眾「迷失方向」。尼采説他沒有禮貌，不尊重聽眾，常在説教，直到人煩得不完全接受他所説的不可為止，未始沒有道理。

　　尼采還有另一個不滿華格納的理由：

> 　　甚麼是浪漫主義呢？每一種藝術，每一種哲學都是對正在掙扎成長的生命的一種幫助和救援，都假設有痛苦和受苦者。可是有兩種不同的受苦者：第一種是因為生命太豐富而苦痛，他們需要戴安尼修斯的藝術，對生命的一種悲劇觀，一種悲劇的洞悉。另一種卻是因生命的貧乏不足而苦痛。他們是尋找安息、寂靜、平靜的海，透過藝術和知識〔找尋他們的救贖〕，或者找尋迷溺、痙攣、麻醉和瘋癲。一切浪漫主義的藝術和見解都是為了滿足後一種的雙重需要。（*GS*, II 370）

華格納在尼采眼中，當然是浪漫主義的代表人物了！甚麼苦痛是因為生命太豐富而產生呢？甚麼苦痛是因為生命貧乏不

足而產生呢?

在《華格納個案》中,尼采以比才的歌劇《卡門》代表前者。他用《卡門》來和華格納作品比對,顯見在他心目中,華格納的作品是屬於後者了。

> 昨天,信不信由你,是我第二十次聽比才的傑作了。[6] 再一次,我一直細心全情投入的停留到劇終,沒有中途溜掉。我自己也為我的耐性(怎樣克服沒有耐性)而驚訝。這樣的作品真的是可以使人完美的,使人自己也變成了傑作。(CW, 1)

《卡門》在尼采看來便是表現因生命豐富而產生的苦痛的典型作品。《卡門》的故事是士兵唐荷西(Don José)受了吉卜賽女郎卡門的引誘而愛上了卡門,為她拋棄了自小認識的女友、母親、事業,繼而淪為盜賊。後來卡門移情別戀,愛上了鬥牛勇士。唐荷西無法令她回心轉意,結果在鬥牛場外殺死了卡門。全劇最後一句,尼采在書內引用了,是唐荷西在他殺死的卡門身旁喊說:

> 對!是我殺死了她,我至愛的卡門。(CW, 2)

《卡門》所表現的痛苦、矛盾、衝突,是因為劇中人愛恨分明而且是熾熱的。整個故事強逼我們正視、思索愛的問題,尼采說:

> 這種愛的觀念〔是唯一值得哲學家思索的,〕是

罕有的，它把作品提升到千萬作品之上。一般作家跟全世界的想法一樣，也許更不如，他們不了解愛情。華格納也是不了解的。他們以為愛是無私的，因為愛是求對方的好處，寧願犧牲自己的好處。可是這〔種犧牲〕為的是要擁有對方啊！在這點上，甚至神也沒有例外。神並不是在想：我愛你對你會有甚麼好處呢！如果祂的愛沒有得到愛的回饋，祂是會變得十分可怕的。愛是最自我中心的感情，因此當愛受損害的時候也是器量最小的。這句話無論在神在人都是千真萬確的。（CW, 2）

我們因為不敢面對這些後果，所以寧願愛得不深入、不熱切，寧願克制。這種行為所帶來的痛苦是因為我們不讓生命活到極限，不盡情而活。換一句話說，這些痛苦是因為生命的不足和困窮，而華格納的解決方法是救贖——期待來自他人的救贖。而這個救贖的他人往往是活得最不真，活得最克制，或者他的救贖行為並不是他自己有意識的選擇。這種哲學在華格納最後一齣歌劇《柏司福》裏面表現得最清楚。因此《柏司福》是尼采認為華格納所有最要不得的表現的集大成。

《柏司福》的劇情很簡單：國王安福達斯（Amfortas），被昆達莉（Kundry）引誘到京凌索（Klingsor）的堡壘中，被京凌索的妖矛所傷。雖然不少武士千方百計要替安福達斯找尋醫治的方法，但總沒有辦法令安福達斯的傷處痊

癒。安福達斯對人說他在異象中知道只有一位「純潔的傻瓜」(Pure Fool)可以治好他的傷口,後來果然出現了一位年青人,他不曉得自己的名字,也不曉得自己的身世和家鄉。眾武士認定他便是那位「純潔的傻瓜」,便邀請他到宮中。宮中正在舉行基督教的聖餐儀式。原來宮中藏有一隻聖杯,而國王是聖杯的守護人。可是這位無名的年青人對任何事情都不了解,國王的傷口流血不止,他也茫然不知所措。失望之餘,武士把這位年青人逐出宮外。

第二幕,這位無名的年青人竟然闖進了京凌索的堡壘。不過,京凌索有恃無恐,因為昆達莉知道這位年青人的名字、身世,京凌索認為當年青人受了昆達莉的誘惑,失去了他的純潔的時候,便可以把他玩弄於股掌之中了。

昆達莉叫出這位年青人的名字——柏司福[7],並告訴他的身世。原來柏司福父親在他未出生以前便戰死阿拉伯,他媽媽離群索居把他撫養成人。可是他卻喜歡離家遊蕩。因為他常常不在家,他媽媽為此憂傷而辭世,柏司福聽了悲傷不能自己。昆達莉對他說,唯有愛可以給予他慰藉,安撫他的懊悔憂愁。可是當她深深一吻柏司福的時候,柏司福忽然醒悟國王安福達斯的創傷是由昆達莉而起,而他自己的責任卻是治好國王的創傷。雖然昆達莉表示她對往事的悔恨,希望從柏司福的愛裏得到救贖,但柏司福堅決拒絕,定必要回到安福達斯那裏。

這時候京凌索和他的手下出現,要阻止柏司福離開,

並且取出妖矛擲向柏司福。可是奇蹟出現，妖矛停在柏司福頭頂半空不動。柏司福隨手取下妖矛，在空中畫了一個十字記號，京凌索的堡壘便霎時煙消雲散了。

第三幕，柏司福重新回到安福達斯的宮殿，國王和從前的近身武士死的死了，剩下來的也已垂垂老去。可是他們都未能認出柏司福。

安福達斯再一次展示他的創傷，表示這個創傷給予他極大的痛苦，要脫離這個苦楚似乎已是絕望，他懇求手下的武士把他殺了，結束他的苦痛。

就在此刻，柏司福走上前來，伸出奪來的妖矛，碰一碰國王的傷處，馬上傷口便合攏痊癒了。柏司福宣佈他自己接管了宮殿，天門打開，一隻白鴿在他頭上盤旋。在場的昆達莉的魔障打破了，她倒地而死。安福達斯和手下的武士跪在柏司福腳前表示尊敬和效忠。

讀畢《柏司福》的故事，我們可以清楚明白為甚麼尼采這樣討厭《柏司福》了。《柏司福》的人物全部都是沒有血肉的。怪不得他在給薛德烈思（Reinhart von Seydlitz, 1850-1931）的信（1872 年 1 月 4 日）中提及《柏司福》「沒有肉，太多血（尤其是聖餐禮的時候），……所有對話都好像從外國語翻譯過來似的。」[8] 這並不是華格納生命的經驗，而是他為了一種信仰、教條而拼湊出來的故事。這正正就是尼采所謂演員的心態。[9] 所謂沒有血肉，像是從外語翻譯過來似的，也是這個意思。

除此之外,《柏司福》的人物生命都是貧乏有缺欠的,
而不是尼采所謂生命滿溢的。受了傷的安福達斯不用說
了,他手下的武士也不用說了。就是全劇的主角,英雄人
物柏司福也是生命貧乏的。他最後拯救了安福達斯並不是
靠他的意志、行為,而只是因他是個純潔的傻瓜——他的
純潔和英勇都是傻子的純潔和英勇,並不是有意識的行為,
他是沒有思索地純潔和勇武。本世紀一位華格納的樂評人
這樣簡述《柏司福》的故事:

> 這齣糟糕而又邪惡的歌劇是寫於華格納的晚年
> ……劇情大致如下:在曼沙爾域(Monsalvat)一個寺
> 院的住持因為被人發現和一位女子邂逅而受了重傷,
> 最後被一位年青人拯救了。這位年青人十分恰當地
> 被稱為「傻瓜」——他對女性就是多瞧一眼也覺得不
> 屑。至於裏面對最後晚餐可笑的摹擬,世界上最後
> 一位女性死亡,令寺院住持受重創、最後又把他治癒
> 的矛槍……在這裏無庸細表。不過劇中也有些不錯
> 的地方。[10]

柏司福不受誘惑只是他生成傻性,對女人不屑瞧一
眼。(這叫人想到華格納歌劇中的另一位英雄,《尼布隆的指
環》(*Der Ring des Nibelungen* 英譯 *The Ring of the Nibelung*)
的色弗利特(Siegfried)——他從來不臨陣退縮,永遠面向
敵人,因為他的死穴在他的身背。)這些英雄的勝利並不是

他們克服了困難，而是因為他們個性的缺陷（不能愛、不會膽怯，如果細心想一想，其實都是性格的缺陷；要能愛卻不錯愛，會怯懦但卻能勇猛直前那才是沒有缺陷的性格）。華格納所提出的救贖是消滅了部分真實的人性而獲得的。人必須肯接受做個「傻子」，才可以找到出路。在尼采看來，《卡門》保存了豐滿的人性，讓我們直視因而產生的悲劇，讓我們更深切體會甚麼是有血有肉的愛，「把愛帶回人性當中，不再是『高尚的處女』，不再是珊達式的感性（Senta-sentimentality），而是把愛看成命運，滿帶諷刺、天真、殘酷，正因如此，故事是人性中活生生的一部分。」（CW, 2）所以更有啟發性、提升力。

「關於所有藝術家，我現在持定這個主要的分別：究竟他們創作的動力是源於對生命的恨惡，抑或出於生命的滿溢。譬如歌德，那是生命的滿溢驅使他創作；而富樓柏特（Flaubert, 1821-1880) 卻是恨。……富樓柏特是經常充滿恨惡，人對他而言是毫無地位。他的作品就是所有。」（NW, 5）《柏司福》也是藐視人的真感情，為了寫一齣動人的歌劇，華格納不惜扭曲人性。

上述種種《柏司福》的弱點或者都可以辯護、解釋、原諒。可是就尼采看來《柏司福》還顯示了華格納不能饒恕的另一個大錯誤：

　　　　1876 年夏天，第一次〔拜疊〕戲劇節進行的時

候，我在心裏向華格納告別。我並沒有感到任何猶豫。自從華格納遷到德國以後，他慢慢的沉淪到我最鄙視的境界——甚至淪落到反猶太主義裏去了。

不久，我便得到明證，那的確是最適當的告別時刻了。李察‧華格納，表面上是他最凱旋的一刻，而實際上是腐化、絕望、頹廢，突然間仆倒在基督的十架前，無助、破碎。這件可怕的情事難道沒有一個德國人有眼看得到，沒有一個心裏感到任何憐恤，只有我一個人感到傷痛？（NW, 2/1）

不可饒恕的是華格納突然接受了基督教的道理。《柏司福》是徹頭徹尾在宣揚基督教，那是任何人都一眼可以看得出來的。大家都知道尼采是極端反基督教的（關於這一點下一章將有詳細的討論），不過他不能原諒的不是華格納突然俯伏十字架前，而是在他的眼中，這個俯伏是虛偽的。考夫曼的解釋最清楚，就讓我省點自己的筆墨，在這裏引述考夫曼所說的吧：

尼采對誠懇的「真基督教」的尊敬其實從未停止過。他認為這種信仰在任何時代都是可能的（A, 39）。可是華格納的《柏司福》，對尼采而言，卻是清清楚楚的不屬於〔誠懇的「真基督教」〕那一類。對於當時德皇、宰相俾斯麥（Bismarck, 1815-1898），以及其他的將軍，行為上反基督教卻又公開表示接受基

督教信仰的行徑（*A*, 38），尼采在《敵基督》一書裏
稱之為缺乏正氣和自尊。至於華格納內心熱衷於俗
世的權勢富貴，卻又虛偽地表示服膺於基督教那種
超凡脱俗的思想的鬧劇，尼采更只有感到噁心。最
後，叔本華的弟子居然寫下一齣偉大的基督教福音音
樂劇，自認為是當代艾斯佳拿斯的作家卻高舉與希臘
理想背道而馳的「純潔的傻瓜」。尼采對華格納的《柏
司福》的反感──雖然不一定反對裏面的音樂──
是很簡單易明的。[11]

尼采承認他剛認識華格納的時候，覺得華格納表達了
人類靈魂內裏那種戴安尼修斯的威力。在華格納作品中，
他感到一股震人魂魄的原始生命力[12]，可是 1888 年當他的
朋友馬爾威達（Malwida von Meysenbug, 1816-1903），不以
尼采的《華格納個案》為然，寫了一封信斥責他的時候，他
在回信裏説：

> 華格納成功地令人相信（正如你可敬地，天真地
> 指出）他是自然界創作精神終極的表現，是創作精神
> 的定論。就這件事已經證明他的確是一位天才：欺
> 騙人的天才。而我呢？榮幸地是他的相反──説出
> 真相的天才。[13]

《柏司福》具體地呈現了尼采反對華格納的兩個主要原
因。此外，還有其他的原因。這些原因，我們必須轉去看

華格納為他自己創立的拜疊音樂節了。

　　上面提到尼采反華格納的理由都是和華格納的作品、藝術有關。然而安尼斯‧紐曼（Ernest Newman, 1868-1959），著名的樂評人、華格納專家認為，尼采和華格納的決裂不是因為華格納的藝術，而是因為拜疊。[14] 考夫曼雖然對華格納尼采分手一事的看法和紐曼迴異，卻承認：「……紐曼的確是對的，叫尼采離開的不是華格納的音樂。」[15]

　　華格納一直希望能有一所屬於他自己的劇院。1865 年華格納向當時的巴伐利亞皇路域二世（Ludwig II, 1845-1886）建議創辦一所音樂學校、一份音樂周刊，終極目的是透過促進戲劇，特別是華格納的音樂劇，去挽救德國的文化。根據范彪盧（Hans von Bülow, 1830-1894）[16] 所言，這份刊物是教育性的、批評性的，包括討論、爭議，但沒有通訊、廣告、報告，是一份與眾不同、出類拔萃的刊物。

　　這個建議幾經曲折終於被接納了。到了 1867 年 7 月 16 日，德皇正式頒佈成立一所新的音樂學校，由范彪盧負責藝術指導。學校於 10 月 1 日正式開幕。同時又創辦《南德日報》（*Süddeutsche Presse*），主要是宣揚華格納的藝術思想。日報還未開始，華格納已給候任主編佛來布（Fröbel）一封信，說：「我要扼要述明我對你的報刊的立場。我希望這是一份前所未有的高水準的政治刊物，原因如下：（1）為了這份刊物的本身；（2）為了它可以發生的大影響；（3）為了有一份報章我可以詳細討論我的藝術方向，不必擔心會因為誠

實、嚴肅而被擊敗。」[17]

在他為《南德日報》寫的第十五篇文章裏，華格納提到要辦一個對文化有影響力的劇院。這個劇院只能上演足以作為楷模的偉大作品。要達到這個目的，一就是不時關閉國家劇院，把地方讓出來上演這些偉大傑作；一就是為上演這些傑作興建一所特別的劇院。他希望這個特別安排能使一般習慣以上劇院為娛樂，只懂得欣賞以賺錢為目的的創作，鬆弛一下一日工作的勞碌的人，能有機會看到高尚的作品，找回已經失落的靈魂，忘記日常生活的勞碌，為高雅的理想而努力。[18]

德皇雖然盡力滿足華格納的要求，1868 年讓出了在慕尼克的歌劇院給華格納，安排他《優秀歌手》的首演，可是華格納仍然感到不滿意，紐曼的分析是：

> 其中一個原因是華格納不能克服他與生俱來不喜歡大城市的心態。大城市有太多人對各種事物都勇於表示意見，而華格納卻是自詡為神所指定的權威。所以他的理想一直是希望能在小鎮為自己建立一所劇院，從奠基至最後上演所有細節都以他說的為金科玉律，這樣便避免了上述的不便。拜壘就是華格納心目中最適合建立這個劇院的地方。
>
> 換言之，華格納希望在拜壘為自己建立一個理想國──市鎮、劇院、刊物全部結合一起，以他為大權獨攬、無人敢與爭鋒的獨裁者。[19]

不過除了這個完全為了表揚自己的自私理由外，華格納還有另一個沒有這樣明顯的自私的理由。他希望這樣的環境，可以讓觀眾在日間不受干擾，安靜地去準備自己。到了晚上能夠嚴肅地、專心地去欣賞他嶄新、深邃、有啟發的傑作。在 1871 年他便銳意在拜疊建立他的理想國，尼采在開始的時候是十分支持這個計劃的。他對拜疊有他自己的希望：

> 對我們來說，拜疊標誌着戰爭前早上的誓師典禮……拜疊是個人跟所有反對他的，似乎無法克服的，必須發生的情事的對抗：權勢、法律、傳統、合約，以及各層次不同的事物。每一個人都肯為愛、為公義而抗爭，甚至犧牲個人的生命，再沒有比這個更美好的了……。
>
> 每一個人必須為比他自己更高貴的獻出生命——這就是悲劇的意義。他必須擺脫時間和死亡帶來的恐懼和憂慮，因為在生命中任何一個時刻，剎那之間他可以遇到瞬息的神聖。在此面前一切掙扎、苦惱都再不是一回事了。這就是悲劇的感覺，人類的高貴就包涵在這崇高的任務裏面……人類的將來只有一個希望，就是保存這種悲劇感。（*UM*, IV 4）

這便是尼采對拜疊的期望。他希望拜疊音樂節能招聚一群願意為提升人類文化而努力的志同道合之士，起碼在音

樂節那幾天內，擺脫一切凡俗的纏累，以他們認為是新文化開始的華格納歌劇為起點，專心的欣賞、研究、討論。他希望拜疊和別的文化活動不同，不是商業化、大眾化，以迎合大眾口味為依歸，而是敢於與眾不同，有爭議性、提升力，只對藝術忠誠，抓緊那一剎那永恆的神聖。

《不合時的默想》中的〈華格納在拜疊〉的第十節是以一首短詩結束的：

> 展開你勇敢的翅膀
> 高高的飛越你的時代
> 讓你的鏡中反映
> 那將要到臨的世紀──那未來。（*UM*, IV 10）

全文結束之際，他說：

> 活在今日的朋友，問問你自己，這是不是為你而創造的呢！你有沒有勇氣指着這個美麗而良善的穹蒼上面閃爍的明星說：「這就是我們的生命，是華格納為我們放到繁星之中的！」（*UM*, IV 11）

尼采希望拜疊的群眾是這樣子的群眾，所以他引了歌德的話：「我的作品是不能流行的，如果有人嘗試使之流行，那他們便大錯特錯了。」（*UM*, IV 10）

當籌辦拜疊音樂節遇到經濟困難的時候，尼采義不容辭寫了一篇宣言，呼籲社會人士支持這個活動。[20] 可是當他

親眼看到第一屆拜壘節的情景，他大失所望：

> 如果有人知道我在此（拜壘節）之前所見，也許
> 他可以明白我在拜壘醒過來之後的感受。真是像發
> 了一場大夢。
>
> 我在哪裏？沒有一件事物是我認得的。連華格
> 納我也幾乎認不得。我希望從記憶中找尋一些熟悉
> 的印象，然而都徒勞無功。和特聶鎮那個溫馨遙遠
> 的小島，沒有絲毫相同。和在那無與倫比的奠基禮
> 那天，所聚在一起心意相通，不必拘謹地互相遷就的
> 一小群人，也沒有絲毫相似。發生了甚麼事？華格
> 納被轉成德國化。華格納迷成了華格納的主人……
> (*EH*, III HATH 2)
>
> 我的錯誤是帶着一個理想來到拜壘，逼自己經
> 歷了一次痛苦的失望。當中的醜陋、扭曲、過分的
> 狂熱都令我十分噁心。[21]

他看到的並不是他心目中忠於藝術的小眾，而是一群
附庸風雅、不知藝術為何物的所謂上流社會的凡夫俗子。
他經驗到的不是誠懇、熱烈的藝術討論。他們關心的只是
社交活動，交換是非，拜壘成了當時名流非參加不可的文化
界盛事。在衣香鬢影、珠光寶氣之下，真正的文化人——
拜壘應該針對的一群，都被擠到不重要的角落去了。

我們可以說尼采的失望是因為他是書獸子。理想和現

實之間是有距離的。要實現理想——尤其是像拜壘這樣的理想，是需要金錢的。愛好藝術、關心文化、提升人類，說得很好，但必須要有金錢才可以創造這樣一個遠離塵囂俗慮的環境，讓小眾去討論這些理想。尼采只是一味高調，華格納卻實際地把這個夢實踐出來了。他致力實踐這個理想，不務實際的人卻譏之為庸俗，出賣了靈魂。

我覺得尼采並不是認識不到這一點。上面已經提過，他後來說，經過第一次拜壘節以後，他在心裏已經和華格納告別了。可是他未有把他心中所想的公開，因為他知道很有可能錯怪了華格納。直等到華格納寫成了《柏司福》（第一屆拜壘節並不成功，虧蝕很大，所以停了五年，直到 1882 年才舉行第二屆。而《柏司福》是在第二屆拜壘節才首演的），他才說：「我得到了明證。」（NW, 2/1）

華格納一直是無神論者，並堅決表示絕對不會再接受幼稚的宗教信仰。晚年居然寫出《柏司福》這樣徹頭徹尾的一齣基督教歌劇，有人會說，華格納可能真是受到神的感動，忽然悔悟皈依基督教的。如果華格納真的接受了基督教，我相信尼采不會這樣傷心、難過。可是尼采覺得華格納並不是真的變成了基督徒。在第一屆拜壘節之後，華格納因為票房欠佳曾經說過：

> 德國人對於異類的神祇和英雄毫無興趣，他們只想看基督教的東西。[22]

接下來便寫了《柏司福》，把這齣歌劇當作第二屆拜壘節的焦點、重頭戲。所以，他只是想利用德國人愛看和基督教有關的東西這個心理，去賺一筆錢挽救拜壘音樂節。這種不誠實，尼采大不以為然，覺得噁心。不錯，這都只是表面證據。不過，尼采直到 1876 年，就是當他在心內和華格納告別以後，仍然是華格納圈子裏面的核心人物。雖然二人未再見面，但彼此之間仍然直接、間接互通消息，所以尼采對華格納的心態是比其他人清楚的，他覺得華格納為了拜壘的成功，出賣了創立拜壘的理想，在他而言是有確鑿證據的。

紐曼認為尼采和華格納的決裂大部分是出於尼采嫉妒華格納的成功。1876 年以前，尼采還只是剛出道未久，而且還未找到自己的思想、自己的聲音，而華格納已經是大名鼎鼎的歌劇作家，當然談不上嫉妒。可是自 1876 年以後，尤其是進入了八十年代，尼采的思想日趨成熟，也找到了適合他思想的文體，寫了好幾本他自覺（今日一般意見也支持他的看法）非常精彩的書，包括《曙光》（*Die Morgenröte* 英譯 *Daybreak*）、《輕快的科學》、《察拉圖斯特拉如是說》……然而他仍然寂寂無聞，反而華格納的聲譽卻屢創高峰。全世界都在聆聽華格納，而尼采還只是曠野中一把孤獨的喊聲[23]，那就難免心裏湧起了強烈的嫉妒。

到華格納逝世以後，尼采的顧忌——傷害了他依然尊敬的老人之心不再存在了。而且他的精神病日趨嚴重，他

再控制不了他的嫉妒。《華格納個案》就是在這段日子，距離他瘋癲不到一年的時間寫成的。他說服了自己他之所以未能對思想界發生應有的影響都是因為「老賊」華格納。這個老賊的思想依然當道，直接阻礙了他成為時代的先知、救主和領袖。[24]

正如考夫曼所說，紐曼的看法並不是完全不能成立。不過我們也得明白，尼采覺得他所要走的路，他所要達到的目的正正是華格納所要走、所要達到的，而華格納沒有勇氣走完。華格納耐不住那種孤獨，所以為了嘩眾（不要說為了金錢這樣庸俗了），出賣了他的理想。他的哲學是言不由衷的、虛偽的，可是世人都看不出來。反而尼采——真正華格納主義的繼承人，卻被世人遺棄。何等大的諷刺！如果世人追隨另一種的哲學，擁抱另一種主義，走另一條完全不同的路，尼采大概不會這樣憤怒。明明他們推崇的正是尼采所宣揚的，可是他們接受贗品、假貨，對真實的卻視而不見，這才是叫尼采氣煞的地方。

紐曼說得對。尼采是妒忌華格納，不過不是妒忌他的才華，而是憤恨世人有眼無珠。如果他們真的愛華格納，那他才是真正的華格納思想者，可是他們不接受他，卻熱情擁抱那個虛偽的。

尼采揚棄華格納的理由，在《悲劇的誕生》裏已經可以找到。後期的華格納歌劇已經不再是以有血肉的真實為題材，而是美學蘇格拉底主義式的一種哲學寓言——華格納

認為代表真理、展示人生意義的哲學寓言。劇中的人物都
是某個觀念的擬人化，沒有真實生命的。用《悲劇的誕生》
的術語，只有阿波羅的外表，裏面缺乏戴安尼修斯的真實。
《柏司福》就是這類的代表作了。

　　看到一度是偶像的華格納寫成《柏司福》這一類美學蘇
格拉底主義的作品已經叫尼采難以忍受。尤有甚者，這並
不是華格納真心相信的。華格納並不接受他自己作品所傳
播的道理。這一切在拜壘第一屆、第二屆音樂節已經清楚
地顯露了。《柏司福》既失去美學上的價值，同時更暴露了
作者道德上的破產。

　　在尼采的哲學成長的過程中，華格納就成了尼采第一
樣要破的。不撥開這個亂，尼采就不能走上「正」途。

註釋

1　其實當時兩人還未正式結婚，不過已經公開同居了一段日子。

2　R. J. Hollingdale, *Nietzsche: The Man and His Philosophy*, Chapter 6, p. 108.
　　及 Ronald Hayman, *Nietzsche: A Critical Life*, Chapter 6, pp. 159-160.

3　他稱之為宗教節日劇。

4　我曾經想在這裏把「演員」一詞譯為「戲子」。因為「戲子」含貶義。
　　這裏「演員」一詞，尼采用來也是帶貶義的。可是，「演員」一詞，在
　　尼采著作的其他地方還有出現，不一定都帶貶義，所以決定還是譯成
　　「演員」。

5　"Leitmotif" 或 "Leitmotiv"（中譯「主導樂句」）一詞由華格納的朋友
　　沃爾藻根（H. von Wolzogen, 1848-1938）所創。華格納在他後期歌劇
　　中常以同一樂句去代表劇中的某一主角，情境或事物。每當這個樂句
　　出現就提醒聽眾樂句所代表的人物、情事（雖然該人物、情事未必在

台上出現），「主導樂句」指的就是這樣的樂句。

在華格納以前的作曲家已經有採用過這種作曲手法，最著名的例子應數白遼士（Hector Berlioz, 1803-1869）的《幻想交響曲》（*Symphonie Fantastique*）。他用同一樂句代表曲中主角念念不忘的「情人」，在全曲五樂章中每一章都有出現。不過當時沒有用"Leitmotif"這個名詞，《幻想交響曲》裏面這個反覆出現的樂句是稱為" Idée fixe "。

6　當時還沒有唱片，都是要上歌劇院才聽得到的。一齣歌劇，聽了二十次是相當大的數目了。

7　Dietrich Fischer-Dieskau, *Wagner and Nietzsche*, trans. Joachim Neugroschel, Chapter 10. New York: Seabury Press, 1976, p. 154.

根據菲沙迪斯寇（Dietrich Fischer-Dieskau, 1925-2012），華格納在 1876 年和尼采最後一次見面的時候，他向尼采解釋柏司福這個名字是源於阿拉伯文。「柏司」就是純潔的意思，而「福」卻是解為傻瓜，所以柏司福便是純潔的傻瓜了。

8　Ronald Hayman, Chapter 7, p. 192.

9　這一點當然是有爭議之處。替華格納辯護的可以說《柏司福》是一個寓言，其中的人物都是虛構的，也許的確是沒有血肉，不過是作者無意賦予他們血肉。他們只是用來帶出作者哲學思想的工具，劇作所要表達的思想卻是作者真實地從生活中體驗過來的。如果尼采因此反對《柏司福》，我們也可以用同樣的理由反對他的《察拉圖斯特拉如是說》。《察拉圖斯特拉如是說》也是寓言，書中人物都是虛構。固然我們可以說他們不像《柏司福》劇中的人物，他們都有血有肉，栩栩如生。但這只是主觀的判斷，就是準確，充其量只證明尼采是比華格納更高明的作家，卻不能就此攻擊華格納的心態已經從藝術家淪落為演員。

對於這一個為華格納的辯護，我覺得是有力的。不過下面我們會討論尼采認為華格納虛偽的另一論證。兩者合在一起看，尼采的批評便可以站得住了。

10　Raymond Mander & Joe Mitchenson, *The Wagner Companion*. London: W. H. Allen, 1977, p. 202.

11　Walter Kaufmann, *Nietzsche: Philosopher, Psychologist, Antichrist*, p. 37.

12　Dietrich Fischer-Dieskau, Chapter 15, p. 209.

13　Dietrich Fischer-Dieskau, Chapter 15, p. 210.

14　Ernest Newman, *The Life of Richard Wagner*, Chapter XXVII The Realities of the Matter, Sec. 6. Cambridge: Cambridge University Press, 1976, Volume IV, p. 525.

15　考夫曼認為華格納和尼采分手的事件，紐曼的分析是以英文寫成的文獻中最全面、學術上最嚴謹的，雖然跟他的看法完全不同（Walter Kaufmann, p. 39 n. 20）。其實華格納和尼采兩人分手的原因是很複雜的，有因誤會、有因性格、有因思想分歧，兩個人都有錯誤。所以紐曼的看法，和考夫曼的看法都對，只是着重點不同。我覺得討論這個問題還有一本書值得參考，就是菲沙迪斯寇的《華格納和尼采》（*Wagner and Nietzsche*）。菲沙迪斯寇不是一位學者，而是大歌唱家。他對事件的分析卻很持平，既同情華格納，也同情尼采，叫人讀後有深深無奈的悲劇感，唏噓不已。

16　范彪盧，是歌詩瑪的前夫。他和歌詩瑪、華格納三人間的關係請參考本書的附錄一。

17　Ernest Newman, Chapter V Fröbel and the Süddeutsche Presse, Section 4, Volume IV, pp. 92-93.

18　Ernest Newman, Chapter V Fröbel and the Süddeutsche Presse, Section 8, Volume IV, p. 101.

19　Ernest Newman, Chapter XIV Planning Bayreuth, Section 3, Volume IV, p. 297.

20　尼采這篇呼籲因為措辭強硬，帶有譴責的意味，委員會覺得不宜用來請求別人捐款，所以沒有採用。不過由此可見尼采對拜壘的支持以及他對拜壘精神的看法，和所採取的不妥協的態度。

21　Dietrich Fischer-Dieskau, Chapter 9, p. 139.

22　Dietrich Fischer-Dieskau, Chapter 10, p. 153.

第一屆拜壘節主要的節目是一套四齣的《尼布隆的指環》：〈萊茵河的黃金〉（**Das Rheingold**）、〈戰神〉（**Die Walküre**）、〈色弗利特〉（**Siegfried**）、〈諸神的黃昏〉（**Götterdämmerung**），其中的故事是本於北歐的傳說。

23　Ernest Newman, Chapter XXX The Breach with Nietzsche, Section 6, Volume IV, p. 594.

24　Ernest Newman, Chapter XXX The Breach with Nietzsche, Section 7, Volume IV, p. 596.

敵基督

歷史上只有一個基督徒，而他已經死在十字架上了。
（A, 39）

　　在他最後的兩本書之一的《敵基督》[1]最後一節——第六十二節，尼采這樣批評基督教：

　　　　我對基督教教會提出從未有人提出過的最嚴厲的控訴。就我而言，教會的腐化是我們可以想像得到的腐化中最嚴重的腐化⋯⋯基督教教會的腐化是無所不在，它把一切有價值的變為無價值，一切真理變成謊言，所有的誠信變作靈魂的邪惡。（A, 62）

歷史上大概再難找到比尼采更厲害的對基督教的攻擊了。因為這個理由，不少基督徒把尼采視為十惡不赦的大罪人、洪水猛獸。（尼采九泉有知，必定沾沾自喜，因為他是以敵基督自居的。）反基督教的人卻把他引為知己，最有代表

性的代言人。（我希望他們知道，華格納也曾一度以尼采為最明白他的人，並且因為尼采的文采，推許尼采為他的代言人。可是後來，他才曉得尼采和他的思想相去十萬八千里。）這兩種人都只是看到尼采對基督教的批評，而遽下結論。他們都沒有追探尼采究竟反對基督教的甚麼。當他說基督教把有價值的變為沒有價值的，他所說的價值是甚麼價值？

反基督教的人如果肯花一些時間，下一點工夫，好好地去看一看尼采的著作，明白尼采所謂價值和真理是怎麼一回事，徹底明白他反基督教所反的是甚麼，然後再要他們從基督教和尼采哲學這兩者之間憑良心誠實地選其一，我相信大半寧願選擇基督教。因為尼采反基督教的理由並不是一般人反基督教的理由，而一般人對這些理由的反感可能比對基督教的反感更大。

在這裏姑舉一例，尼采對基督教最不滿之一是：

> 「人人都有同樣的權利」這毒素，基本上是由基督教傳播出去的……不要小看這個由基督教滲透到政治的禍害。今日再沒有人有勇氣爭取特權和主人的權利，〔也沒有勇氣肯定〕尊重自己以及和自己同等的人──對階級的感情。我們的政治因為缺乏這類的勇氣，已經是患了病。（A, 43）

很清楚，尼采在這裏是反對人權、平等，也就是反對今日的

民主政治，認為這是「優差等」。而這些在他眼中的「病」是源於基督教的訓誨。試問今日，有幾個人會認同這種反基督教的理由呢？

同樣，基督徒如果肯好好看一看尼采，便會發現尼采的批評值得他們再三反思。尼采可能比一般虔誠的基督徒更虔誠。尼采說：「認真的基督徒往往對我很好。」（ *EH, I* 7）他說這句話是想表示他對基督教的攻擊並不是因為甚麼私怨，不是因為他在基督徒中吃過苦頭或受過欺負。而是說明如果我們明白他的哲學的話，便會發現他反對基督教的理由，認真的基督徒是會有共鳴的。他說過：「……攻擊，就我而言，是表示好意，有時甚至是出於感激。」（ *EH, I* 7）認真的基督徒，讀到尼采對基督教的猛烈抨擊，如果肯停下來、平心靜氣，好好的想一想、反省一下，便看到尼采批評背後的好意，也就不會像一般教會中人對他這樣的仇視了。

無論如何，上面的話並不是說尼采沒有反對基督教，只是說在這一點上，我們，特別是中國的讀者，往往不求甚解，把尼采看成一般的反基督教者，甚至把他放在科學反宗教的陣營裏，嚴重的曲解了尼采。[2] 在這一點上，我們一定要避免曲解，因為基督教是尼采撥亂反正途中的一個大亂，是他立之前必須破的障礙，正確地明白他所以反基督教的原因，才可以更深切明白尼采的思想。

上面提過，尼采認為他對某種人、某種事或思想的攻擊往往是出於好意的，有時甚至是出於感謝的。他對華格

納和基督教的批評，都應屬於這一類。

　　尼采的父親、祖父、外祖父都是路德教會的牧師。他童年的時候是虔誠的基督教徒，從他十二、三歲時候寫的一段文字可見：

> 　　神在每一件事上都引領我，好像父親引領弱小的孩童一樣……我已經堅決立志把我自己奉獻服侍祂……。像一個小孩子一樣，我相信祂的恩典……，無論祂給我甚麼，快樂也好，愁苦也好，貧窮或富足我都欣然接受，勇敢地面對，至死不渝。死亡將會把我們永遠和快樂、福氣結連在一起。[3]

到他離家升學全德首屈一指的普富達中學（Pforta）之後，他的信仰開始動搖，為此他感到迷惘苦痛：

> 　　主，我來，我曾迷失、浪蕩、醉酒、沉淪，在地獄與痛苦間顛簸。你遙遠的，憂傷的，說不出的凝望，放出亮光，經常觸動我，現在，我欣然而來。[4]

到他中學畢業，升大學的時候他作了一首詩：

> 　　再一次，上路之前，孤單地凝望着前路之際，我向你——我高飛的心靈唯一的避難所——我把祭壇築在我心深處，好讓我一直聽到你呼喚的慈聲。[5]

　　從詩的內容來看，升大學的時候尼采似乎仍然維持他的信仰。可是如果我們看看詩的題目：〈獻給未知的神〉

（**Dem Unbekannten Gott**）[6]，他其實已經改變了童年的信仰。他雖然仍然相信有一位神，可是童年時他立志要奉獻服侍的神，現在已變成了一個他不再認識、了解的神了。他在大學開始的時候還選修神學，直到 1865 年才放棄，改攻語言文字學。

我在這裏簡述尼采信仰的歷程，目的是要指出，他並非人云亦云，跟家人上教會那一類的信徒，他對自己的信仰，對神是很認真的。所以他後來對基督教的攻擊，我們也必須嚴肅的看待。

在我們討論尼采反基督教的理由之前，考夫曼提醒我們：

> 一般而言，尼采把他所欽佩的人，那個人所代表的思想，和那個人的徒眾這三者分別得清清楚楚。必須透過這三個不同的範疇，我們才可以明白尼采對耶穌、基督教和基督教界[7]複雜的態度。[8]

不少人以為尼采反對他年青時的信仰，是因為十九世紀科學進步，相信神的存在是不科學的，所以再難維持。

> 在哥白尼的《天體運行》發表三、四百年之後，在科學迅速發展的現代，還有多少人連上帝不存在這點起碼的科學知識也不懂？可是人們照樣信教，進教堂，為的是好歹總得有信仰，否則人生便失去了依託。現在尼采向他們大喝一聲：「上帝死了！你們天

天進的教堂是上帝的墳墓！你們把死人當活人一樣相信着，欺騙着自己，其實你們根本沒有信仰！」[9]

　　上面引文的作者錯了，這並不是尼采說「神死了」所要傳達給我們的信息。尼采說「神死了」不是因為從十五世紀末至十九世紀這三四百年間，科學迅速發展，神不存在已經成為一般科學常識了。（其實科學並沒有談到神存在的問題，神存不存在也不是科學的常識。）這樣解釋尼采「神死了」這句話是把尼采的思想簡單庸俗化了。他這句話跟科學壓根兒沒有扯上關係。科學在尼采眼中與基督教一樣都是把人扯向墮落的。上面的引文既然提到哥白尼（Nicolaus Copernicus, 1473-1543），這兒便也引一段尼采論哥白尼的話：

　　自從哥白尼，人就似乎一直在走下坡。現在更滑落得越來越快，〔他們〕離開中心滑向甚麼呢？滑向虛無，滑向滲至深處的虛無⋯⋯

　　所有的科學，自然也好，不自然也好──我指的是所謂對知識的自我批判（作者按：這裏指的是康德的哲學），今日都是以說服人放棄昔日的自尊為目的，好像這種〔自尊〕只是荒謬的狂妄。我們甚至可以說，它的驕傲，它那種純樸的司托克式的平和都是來自堅持着這種艱苦得來的自我鄙視，視之為最認真的，終極的自尊⋯⋯。（GM, III 25）

攻克己身，自我卑微，尼采認為是基督教為人類所帶來最壞的影響。清清楚楚，尼采把哥白尼以後的科學發展看為基督教的同路人——同樣貶低了人的價值，同樣應該抗拒、排斥。

讀者也許給弄糊塗了，根據上述，尼采認為基督教提倡人人平等，每個人都享有同等的權利，為甚麼竟然是他反對基督教的理由之一？他不是因為科學而反基督教，反而把科學和基督教看成同路人，在散播同一種毒素？究竟在尼采眼中甚麼是基督教？為甚麼反基督教反得這樣厲害？如果你給弄糊塗了，那你走了正確的第一步。因為你已經認識到尼采的反基督教思想與眾不同，開始認真地要弄清楚尼采反對基督教的原因了。一個人必須明白尼采為甚麼反基督教，才會真正明白尼采的思想，了解他的哲學。

尼采反對基督教的原因散見於他的著作，最具體、最有系統、最發人（包括基督徒與反基督教人士）深省的見於他的《道德的緣起》（*Zur Genealogie der Moral* 英譯 *On the Genealogy of Morals*）一書。

《道德的緣起》1887 年出版，包括三篇文章：第一篇討論善與惡和好與壞，主要內容就是討論尼采哲學中最為人知的「主人道德」和「奴隸道德」；第二篇探討罪咎感；第三篇的標題是：〈攻克己身的理想是甚麼意思？〉

尼采這三篇文章認為奴隸道德、罪咎感，以及攻克己身的理想都是疾病。而基督教是傳播這些疾病的主要動

力。在未進一步討論為甚麼尼采把這些看成是疾病，基督
教又怎樣助長這些病毒滋生之前，也許我們首先要弄清楚尼
采是怎樣了解「病」的。在討論華格納的時候已經說過，尼
采也是把華格納的思想和音樂看成一種病，可是他認為這種
病是不可少的——現代的思想要有新的蛻變，要走出一條
生路，一個人必須首先成為華格納的跟隨者，也就是說，要
染上華格納哲學這種病。（CW, Preface）這個態度在《道德
的緣起》一書中更是清楚，而且用了一個很生動傳神的例子
來表達這個意義：

> 罪咎感，毫無疑問地是一種病，是一種像懷孕
> 一樣的病。（GM, II 19）

有人會說懷孕也算是病？懷孕的女士可以告訴你懷孕期間不
少不適和生病一樣，生產的痛苦也和生病的苦楚一樣，甚至
可能更厲害。此外，懷孕的女士有產假，像有病假一樣。
懷孕是包括在健康保險（有稱疾病保險）之內，生產過後要
休養就像病後要休養一樣，可見今日社會的確是把懷孕看成
一種病——特別的、快樂的病。怎樣特別？為甚麼快樂？
因為懷孕的結果是新生命的誕生，沒有懷孕的苦痛便沒有新
生的喜悅。華格納是一種病，但要為現代劈開一條生路，
人必須經歷華格納這種病；為道德揭開新的一頁，人必須體
驗《道德的緣起》的三種病，這些病不是要「打倒」的魔怪，
而是要超越的階梯。如果不肯超越，永遠留在這些「疾病」

當中，那才是問題，才是要不得的態度。

　　在《道德的緣起》第一篇討論善惡與好壞的文章裏，尼采認為「好」這個概念原本並不是決定於接受「好」行為的一方，即不是由那在下位的、被管轄的人——受方——決定，而是由那些高貴的、有權勢的、在高位的、有理想的，那些實行的人——授方——確定哪些行為是好的。（*GM*, I 2）他們把與他們的決定相反的、在下位的人的決定看為卑下，看為「壞」。這個說法有甚麼證明沒有呢？尼采指出不同文化內，和好有關的詞彙字源都是和高貴、高級、特殊權益有關的；而壞卻是和一般平凡低下有關的。（*GM*, I 4）就是上面所用的中文詞彙，已經清楚顯示這一點了：「高貴」，道德上的美詞往往就和描寫社會上高級的階層的詞彙一樣，而貶詞「卑下」、「平凡」卻是一般形容社會下層的詞語。尼采舉了希臘文裏面"esthlos"（好）和"kakos"（壞），"agathos"（高貴）和"deilos"（卑賤）為例（*GM*, I 5），證明他的看法。考夫曼舉了另一位希臘文化專家艾爾思（Gerald F. Else, 1908-1982）的說法為佐證。考夫曼指出艾爾思的說法，並不具爭議性，被學術界普遍接受，所以最有參考價值。艾爾思在他的巨著《亞里士多德詩學的論據》（*Aristotle's Poetics: The Argument*）中說：「希臘的思想家從開始便把人分成社會上、政治上、經濟上、道德上都一樣的好和壞，而且持這個兩分法持了很長的一段時間。這個兩分法是絕對的，而且河漢分明。理由很簡單，這是當時貴族對社會的看法，

反映他們當時對人我分別森嚴。那些關係緊密的少數，如希臘貴族，認定世界只有兩種人，『我們』和『他們』。我們當然就是好人、規矩、正直、儀容高雅、思想正確。他們呢？流氓、蟻民、一無是處……。」（*GM*, I 5 n. 2）除了希臘文以外，尼采還舉了拉丁文、德文為例：「甚至我們德文的『好』字 “Gut”，不也是表示『和神相若』或者『與神相似的族類』嗎？」（*GM*, I 5）

　　其實我們不必去看希臘文，就是在中文也可以找到支持尼采這個說法的證據——最顯著的就是：君子和小人。「君子」、「小人」這兩個觀念既表達社會地位的不同，也成了道德的區別。「君子」，如果我們看《詩經》、《書經》都是指上層貴族，而「小人」便是無權無勢的黎民。但同時君子的行為代表了好的行為。所以要是「君子不為也」的行為，也就不應該去做。

　　　　在古代所謂「好」和「壞」意思跟「高貴」和「可鄙」差不多。人對怯懦、憂慮、小器、斤斤計較小小的利害，感到可鄙。此外，那經常用受欺壓眼光望人的多疑者，那些狗一樣甘心給人作賤的，那些阿諛奉承、搖尾乞憐的，特別是說謊打誑的更是如此。所有貴族都有一個基本相同的信念，就是一般黎民都是說謊的。因此古希臘貴族自稱：「我們這些真誠的。」（*BGE*, IX 260）

　　根據尼采，人類因為認識到這個階級差距才得以進步。如果不是有這個階級差距的觀念：在上的把底下的看成工具，把他們壓在下面，和他們保持距離，人便不會在精神上渴求進步，盡量和在下面的、他們所鄙視的，拉遠距離；也不會爭取和在上面的、他們所尊重的，減少差別了。這樣人也就不會發展得更高、更遠，變得更罕有；換言之，人便不會改進、自我超越了。（BGE, IX 257）

　　這些話今天聽來都是「政治不正確」、恐怖可怕。（我早已提醒過，因為反基督教而引尼采為同路人、代言人的人，當他們明白尼采為甚麼反基督教，他們大概馬上感到噁心，寧願選擇基督教了。我不是說尼采反對的理由不成立，我們還未討論這一點，只是想指出現代不少所謂尼采的跟從者，其實不曉得他跟從的是甚麼。）尼采早已料到，所以他接着說：

　　　　要弄清楚有關貴族社會的起源（也就是人類改善的前提），對種種人道主義的幻覺，我們必須半步不讓。真相是很難面對的。讓我們接受，不用關心其他人〔的感受〕，有史以來，地球上每一種高度的文化是怎樣開始。人性還是原始的，野蠻的（包括這個詞彙所有可怕的涵意），仍然帶着未曾馴服的對情慾和權力的渴求。這些遊獵的人撲擊那些較軟弱的、較開化的、較公平的──商人、畜牧者……開始的時候，高貴的階級往往是野蠻的一族。他們主要

> 掌握的不只是體力，更是他們精神的力量──他們
> 是完整的人（也就是在每一層面，更完整的野獸）。
> （*BGE*, IX 257）

當時貴族主要的特性是他們並不覺得自己是為了任何
其他的人事而生存，不把自己當成一種功用、手段。他們
自己就是目的，就是最高、最後的價值。所以他無愧地接
受社會為他們犧牲。因為他們相信社會的存在就是為了提
供一個基礎，好讓其中優秀的一群可以升得更高，活得更
「好」。尼采舉了一個例：

> 就像爪哇有一種向日藤。它密密的纏繞着一株
> 橡樹，直至靠着橡樹的支持，它凌駕橡樹之上。在
> 開放的陽光下展示它的冠冕，享受它的幸福。（*BGE*,
> IX 258）

古代貴族千方百計肯定他們的所作所為，維護他們可以如
此行的權利。當看到別人有他們所沒有的權益，他們便攫
取，起碼要和別人平分春色。這種心態是自我肯定、自我
提升，是進取的。這便是尼采所謂的主人道德。這種精
神，並不是人人都敢採取的。有些人生來便是怯懦的，沒
有勇猛的奮鬥精神。然而人性卻是不甘下流的，他們見到
別人的好，當然戀慕，但又缺乏爭取的勇氣，只好背地裏暗
暗的欽羨，這種欽羨漸漸地便化成了忌恨。[10]

因為忌恨心態，這種人慢慢演化出另一種對好與壞的

理解，另一套的道德，也就是「奴隸道德」了：

> 想像那些被侵犯的、受欺壓的、受苦的、不自
> 由的、不敢肯定自己的、疲乏喪志的，如果他們談道
> 德，他們的道德價值有甚麼共通點呢？……他們要特
> 別照顧的是那些能叫受苦者的生活比較容易過的素
> 質：憐憫、知足、順服、關懷、忍耐、勤奮、謙卑、
> 友愛，這些就是他們所尊重的，因為這些是最能夠，
> 甚或唯一可以幫助他們忍受生活壓力的素質。奴隸
> 道德，主要是實用的道德。（BGE, IX 260）

上面已經提過，尼采認為本來甚麼叫做好，甚麼叫做
不好，不是由受者的階層決定的，但奴隸道德所指的美德卻
是完全從受者的觀點去衡量。按着這個看法發展下去，和
受者觀點相同的就是好，反之便是不好。順服就受者看來
既然是好，反抗──順服的相反，便自然是不好；知足如
果是美德，欲求就一定是過錯了；謙卑值得讚美，自傲便必
須壓制。

因為出發點的轉換，奴隸道德是從受者的立場裁奪。
那些在上位的、掌權的，便成了欺壓者。再加上忌恨，他
們的行為便都被視為邪惡。為了把這種好壞的觀念和前
面提到主人道德的好壞觀念分別開來，尼采稱前面討論的
──主人道德──好與壞；而稱後面討論的──奴隸道德
──善與惡。雖然壞和惡都一樣有貶意，但稱之為「惡」，

咒罵的味道便重得多了——這是忌恨的結果——忌恨者不只要把所反對的貶為壞，而且更咒詛這些行為是邪惡：

> 所有高貴的道德都是從勝利地肯定自己發展出來的。奴隸道德卻是從一開始便是向「外在」、「不同」、「不是自己」的說不。這個「不」成為他創造的動力，這種掉轉過來決定價值的觀點——一定要向外〔找尋假想敵〕而不是向內〔肯定自己〕——就是忌恨的本質：奴隸道德的存在必先需要一個敵對的外在世界。心理上，它需要先有外在的刺激才能夠行動——它的行動基本上只是反動。（GM, I 10）

主人道德是自我肯定的，他不喜歡的，便排斥，拒不接受。他不習慣的，便要改變。他喜歡但又未擁有的便爭取。他的愛、他的恨都是從他內心出發，完全只是為他自己的。[11] 就像卡門，她的愛是因為她要愛。當她不再愛的時候，無論唐荷西怎樣苦苦哀求，她都無動於衷。在卡門而言，她愛唐荷西不是因為唐荷西需要她，而是她需要唐荷西。當她已經不再有這個需要的時候，無論甚麼理由都不能叫她愛唐荷西。因為愛只有一個理由，這個理由是愛的人的需要，如果接受這個理由以外的理由去愛，那便不是愛，是扭曲的、虛偽的。

奴隸道德卻是純粹他向的。我憐憫他，因為他情有可原，「為甚麼情有可原呢？」這樣追查下去，始終會得到一

個答案，就是他的情況是強加諸他身上。正如中國古語有云：「自作孽，不可活。」如果是咎由自取，那我們便錯用了我們的憐恤了。所以除了他向以外，憐恤暗含有一個邪惡的勢力——那個陷我們所同情的人於值得我們憐恤的困境的人、事或勢力。然而憐恤的本身並沒有包括剷除這種邪惡的勢力——只是憐恤，無須除惡，便已經是美德了。

這種他向的道德，尼采認為是沒有提升力的，是弱者不反抗的藉口。《禮記》記載孔子過泰山側，有婦人在路旁哭。孔子叫弟子問她哀傷的原因。原來她住的地方有虎患，家裏的舅舅、丈夫、兒子都給老虎吃了。可是她又因為家鄉的官吏清明，捨不得離去。孔子聽了告誡弟子：「苛政猛於虎。」

用尼采的看法，孔子的確同情可憐這個婦人。在奴隸道德中，他的行為是有正面的道德價值。然而從主人道德來看，這類同情卻只是得個空字，是沒有用的。強者，譬如武松（或周處），便會上山殺虎。強者是不會接受他所不喜歡的外在環境，他會肯定他所要的，對自己所要的説是，用行動實現這個是。虎是外在的，是他所不喜歡的，他不會懦弱地忍受，而是進取地除虎。[12]

奴隸道德，基督教把它推到高峰。

基督教還為奴隸道德添了兩個要素，令奴隸道德更加吸引：公平的上帝和將來最後的審判，再加上永恆的盼望。

上帝是保證那些被欺壓者在將來的審判會得到公平的

待遇，而永恆是保證這個「公平的最後審判」遲早一定會發生。

可是正正從這兩種保證，尼采指出基督教的這些所謂美德——憐恤、寬容、忍耐、順服都只是懦弱的等候，等候那他們自己不敢，也不能的大復仇的來臨，或者說，這些所謂美德本身沒有價值，只是購買將來福樂的手段和代價。這種等候最是要不得，因為除了懦弱，更是虛偽。他們所等候的恰恰就是這些美德的相反，最終希冀的不是憐憫而是報復，不是寬容，而是苛刻的懲罰，這正正就是一般基督徒的深層心理。在《道德的緣起》第一篇十五節，尼采引了托馬斯・阿奎那（St. Thomas Aquinas, 1225-1274）（天主教最著名、備受尊重的神學家）的話：「在天國裏，那些蒙福的將會看到那些被定罪的所受的刑罰，這就叫他們所蒙之福更顯歡樂。」（GM, I 15）接着又引了一大段二、三世紀的教父德爾圖良（Quintus Septimus Florens Tertullianus, 160-220）的話。德爾圖良吩咐他的信眾不要參與看罪人受刑的遊戲。因為在將來審判的日子他們會看到令他們更興奮的：

〔到那日〕奇妙的景象湧現在我們眼前——叫我讚歎？令我嘲笑？令我快樂？令我興奮？——在我眼前一群顯赫一時的帝皇，曾經公開宣告他們定必進到天堂，現在在最低下、最黑暗的角落，和吹捧他的人以及魔鬼自己，輾轉呻吟。那些逼害基督徒的地方首長，受比他用以焚燒信徒猛烈得多的火燄的煎熬

……（GM, I 15）

我們或者說這些話只是後來的基督徒所說的。他們犯了錯誤，並不能代表基督教的看法，可是在《敵基督》中，尼采直接從《新約聖經》引了好幾個例證：

> 凡不接待你們，不聽你們話的人，你們離開那家，或是那城的時候，就把腳上的塵土踩下去。我實在告訴你們，當審判的日子，所多瑪和蛾摩拉所受的，比那城還容易受呢！（〈馬太福音〉十章 14-15 節）這樣的「福音」！[13]（A, 45）

> 你們若單愛那愛你們的人，有甚麼賞賜呢？就是稅吏不也是這樣行嗎？你們若單請你弟兄的安，比人有甚麼長處呢？就是外邦人不也是這樣行嗎？（〈馬太福音〉五章 46-47 節）。

> 基督教的愛的原則為的是在最後得賞賜。（A, 45）

在這些證據下，怪不得尼采說：

> 我想但丁（Alighieri Dante, 1265-1321）犯了一個粗疏的錯誤……當他在地獄的大門掛上一個匾，上面寫着：我也是由不死的愛所創造的。其實更有理由在基督教的樂園，也就是永福之地的大門掛上下面的匾額：「我也是由永遠的恨所創造的」——如果大門之上准許掛真話而不是只許掛謊言的話。（GM, I 15）

　　從尼采看來，基督教是散佈奴隸道德的。雖然説是同情弱者，其實只是為弱者製造了忍受的藉口，令他們甘居下流而已。説這些是藉口——因為所提倡的忍耐、愛仇敵等等美德，如果鑽到背後，便可以發現這只是美麗的面具，隱藏着的是無比的忌恨。把它變成美德，只不過是為這些醜惡披上美麗的外衣而已。

　　尼采在這裏除了攻擊基督教的虛偽之外，主要是要顯示奴隸道德的根源。奴隸道德所表揚的——同情、憐憫、知足、柔順，沒有一樣不是源於忌恨，沒有一樣不是怯弱的。他説：

　　　　甚麼是好：每一樣叫人感到權力增加的——權力的意欲，權力本身。

　　　　甚麼是壞？每一樣由軟弱產生的。

　　　　甚麼是幸福〔快樂〕……感到權力增加，克服障礙。

　　　　不是知足，而是更多的權力；不是和平而是戰爭；不是美德而是適當的健康（是文藝復興期的那種美德，不是小家子氣、不抽煙、不喝酒那種美德）。[14]

　　　　弱者，失敗者注定滅亡，甚至要盡可能促進他們〔的滅亡〕，這是我們愛人的第一原則。

　　　　甚麼比惡行更有害？對失敗者、弱者、積極的同情——基督教。（A, 2）

　　尼采主要批評的對象是奴隸道德：知足、和平、對失敗和弱者的同情，而這也正是基督教所高舉的。他鑽到基督教的後面，指出這些所謂美德的虛假，為的是要證明這些奴隸道德所表揚的，無論外表怎樣漂亮（而基督教是把這些裝飾得最美麗，因此也吸引了最多人跟從），只要挖深一點，便可以發掘出真相——都是弱者忌恨的產品，世間上沒有不是由忌恨而出的同情、柔順和知足的。

　　除了宣揚、傳播由忌恨而生的奴隸道德外，基督教還主張克己。為甚麼克己？簡單地說，奴隸道德既然同情弱者，所以反對強者，包括強者對自我的肯定，強者的爭競，強者的不滿足。弱者是不懂得自我肯定，沒有爭競的勇氣，不敢透露半點不滿足。然而，爭競尋求勝利的滿足是人性不可磨滅的部分，要發洩這種人性的要求，弱者只能以否定自己，壓抑僅有的爭競勇氣和曇花一現的不滿為鵠的，從無己當中找尋最大的成功感——在尼采看來，這是絕大的矛盾：

> 　　美德必須是自我發明的——我們最需要的自我表達和自我保衛。其他的所謂美德只是危險。任何不是我們生命所需的條件都會傷害生命。像康德所說只是因為尊敬「美德」這個概念而產生的美德。那只會帶來損害[15]……和自我生存的基本法則的要求是相反的——每一個人都得創造他自己的美德，他自己的定然律令。[16]（A, 11）

　　如果我們反對自己，整個理想只是消滅自己，在尼采看來是荒謬、不能成功的事。我們在世上每一個行為，每一種思想都是源於從自我出發的一個觀點。世界上是沒有凌駕這些個別觀點之上的超然：不屬於任何我的觀點的無我觀點。希望有不按照任何一個特定方向，不從一個特定觀點去看事物是不可能的，這種要求是荒謬的。任何一種看法都是特殊的看法，任何一種知識都是從特定觀點而得的知識；越能夠從更多不同的「眼」去看同一事物，就越能了解該事物的全相。換言之，尼采認為事情的真相不是用一個凌駕各個不同觀點的無我觀點去觀看事物而得的結果，而是各種用小我觀察而得的物相的總和。也就是說，真相不是一個特別的殊相，而是共相。因為這個原因，克己，消滅了我，也就完全沒有任何思想和行動可言了。

　　上文我們曾經引述過一段尼采有關哥白尼的話，現在可以比較清楚解釋這話的意思了。尼采認為近代科學追求各種客觀，也就是走上了上述他認為荒謬的路。事物決不能從一個超乎所有個人之上的純客觀觀點去觀察，而可以得到有用的結果的。他提及哥白尼，是因為哥白尼有象徵意義。哥白尼反對地動說，把天體運行的重心（參考點）從人類居住的地球移到地球以外的太陽。在尼采心目中哥白尼的理論清楚的象徵了現代科學拋棄了以人為參考的重點，而力求沒有個人興趣滲透其中的「客觀真實」。所以提到哥白尼之後，他馬上說：

　　所有科學（不只是天文學，關於「科學」把人低貶的後果，且引康德值得留意的剖白：「它（科學）摧毀了我的重要性」），自然也好，不自然也好……都是以説服人放棄昔日的自尊為目的……（GM, III 25）

當我們否定自己的時候，克己主義便成為人類唯一的意義：

　　除了克己這個理想，人這種禽獸便再沒有意義了。他在地球的生存便失去了目的：「人存在為的是甚麼？」是沒有答案的問題。人和地球缺失了意向，在人類的目的這個偉大的概念中，有更偉大的主題：「空虛」。

　　這便是克己理想最貼切的意義……我們有缺欠，人是被可怕的空虛圍繞。人為了生存的意義這個問題困擾不堪。人還有其他令他感到痛苦的問題，基本上人是多病的動物。他的問題不是受苦的本身，而是他不能回答「為甚麼我要受苦？」這個在他周圍震耳欲聾的問題……

　　……不是受苦本身而是為甚麼受苦這個問題成了人的咒詛，而克己的理想為人提供了意義。是至今為止唯一可以提供的意義，任何意義總比沒有意義好，克己的理想就是聊勝於無的最佳例子了。（GM, III 28）

根據尼采，克己雖然是抗拒生命、仇視人、消滅自己，是走向虛無，但卻給人生一個意義，人寧願追求虛無，也不能沒有任何追求。（GM, III 1）人接受了奴隸道德，不敢像主人一樣勇猛的爭競、征服、攫取，但又不能不追求，所以轉向追求虛無、追求自我的消滅。

這個屬於基督教的克己主義，就是尼采自己也覺得有點像佛教。佛教不是追求涅槃、圓寂嗎？他說：

> 我希望我痛貶基督教不會對另一個有關的，有更多信眾的宗教——佛教不公平。兩者都是屬於虛無論的宗教——腐敗的宗教，可是二者卻迴然不同。[17]（A, 20）

兩者最大的分別在哪裏呢？[18]基督教信有上帝，而佛教沒有上帝。在尼采眼中因為有上帝和永生，基督教所追求的生命的壓抑、自我的消滅是不徹底的，是虛偽的。基督徒認為至終上帝會使人完全。他們將會有另一種生命。他們一面壓抑自己，要無我，可是另一面透過信心，認為無我不是至終的結局。

尼采反對信心，他認為「信心的意思就是不想知道甚麼是真相」。（A, 52）在基督教的影響下，德國哲學也是助長信心的。就如康德所言，事物的真相——本體世界，我們只能知道它的存在，卻沒有辦法去認識它。論到道德問題：

> 康德和他的定然律令（Categorical Imperative）也

是走同一條路，在這方面他的理性變成實用了。一切道德的問題，人是沒有資格討論它的真與假的，所有至高的問題，所有有關終極價值的問題，都是在人性之外的——哲學的目的是探索理性的限制。（A，55）

這是尼采所不能接受的。如果我們還記得尼采在《悲劇的誕生》一書所提出的理論，尼采所以反對上面所描述的基督教是不難明白的。基督教之於人生就像蘇格拉底之於希臘悲劇。希臘悲劇偉大之處便是敢於面對戴安尼修斯的人生——充滿激情、狂熱、粗野、不羈，但卻是活生生、有血有肉、真實的。希臘悲劇的上品，雖然以阿波羅的理性，把人生變得美麗有序，易於理解，卻完完整整的把人生中戴安尼修斯的一面保存下來。

　　希臘悲劇的蘇格拉底主義卻是把阿波羅的秩序，把理解放於首位；不惜歪曲人生，使它能套入阿波羅的架構中。這樣便敲響了希臘悲劇的喪鐘，希臘悲劇也就變得不真實，喪失了感人的活力。基督教——上面所描述的基督教，在這方面比蘇格拉底主義更有甚焉。它把人性裏面的真實，貶為邪惡，刻意要把這些元素消滅。據尼采的分析，這樣做的理由是源於忌恨。不單這樣，整個基督教理論本身是不誠實的，因為一面提出無我，另一方面卻是追求我的永存不朽。它所貶為邪惡的——例如愛復仇、貪獎賞，挖深一層依然是驅使信徒向善的動力。蘇格拉底的哲學還只是摧

毀了一種高雅美麗的藝術——希臘悲劇。基督教呢？卻是
扭曲、戕害了活潑、進取的人生。

　　本章開始已經引述過考夫曼所說，研究尼采，我們要
分清楚他對一個思想家、思想家的思想和思想家的徒眾這三
者不同的意見。尼采上面對基督教的攻擊只是他對基督教
界和當時基督教思想的批判。尼采把耶穌基督這個人的言
行思想和當時十九世紀歐洲基督教的教義以及基督教界的言
行，分別得很清楚。他對耶穌的思想是十分尊重的。上述
他所攻擊的並不是耶穌的教訓：

> 　　讓我告訴你基督教真正的歷史。基督教這個詞
> 實在是一個誤會。真相是，〔歷史上〕只有一個基督
> 徒，而他已經死在十字架上了。那傳福音的死在十
> 架上了。所謂「福音」從那一剎那（耶穌死的一剎那）
> 開始，就變成了恰恰和他所活出來的相反，是不好的
> 信息，是「禍音」……只有過一個像死在十字架上那
> 一位所過的生活的人，才是基督徒。

> 　　這樣的生活在今日還是可能的，對某些人而言
> 更是必須的，真實的，其實這樣的基督教訓在甚麼時
> 代都是可行的。（A, 39）

讓我們看看尼采怎樣了解耶穌，唯一的基督徒，真正基督徒
所必須過的生活：

> 　　如果有甚麼是和傳福音者迥異的，那該是「英

雄」這個概念了。恰恰和搏鬥──感到自己在抗爭中──相反，這裏一切都是出自本能。沒有抗拒的能力變成了道德（福音書裏最深邃的教訓是：「不要和邪惡抗爭」。在某種意義上這是〔了解福音〕的鑰匙），在平和中的福氣、溫柔，不能作其他人的仇敵。甚麼是大喜的信息？那是已經找到了真生命，永恆的生命，不只是未到的應許，而是實實在在的已經在這裏，在你裏面──那就是住在愛裏面，沒有排斥、拒絕，不計較地位的愛；每一個都是神的兒女。耶穌完全沒有以為只有他自己才享有神兒女的地位──既然同是神的兒女，大眾便是平等的。（A, 29）

　　大喜的信息正是因為再沒有和它敵對的。天國屬於所有孩童，這裏所表達的信仰不是從掙扎而得的，而是當下如是，從開始便如是……。這樣的信仰是沒有忿怒的，不責備他人，不拒絕，不會動刀劍，根本看不到有一天會丟失的可能。它不必靠神蹟、賞賜、應許，特別是聖書去證明。每一時刻，它就是它自己的奇蹟、自己的賞賜、自己的證明、自己的天國。這樣的信心也不必漸漸成形，它是活生生的，不受任何程式束縛的。……它缺乏任何辯證：它缺少了認為信仰或真理可以用理由證明這個想法。（它的證明是「內在的光亮」、內在的喜悅、自我肯定，這一切都是力量的證明。）這樣的道理是不會

有矛盾衝突的：它從來沒想過它以外還會有，還會可能有，其他的真理。從來不能想像有和它衝突的教訓。如果真是碰到一個〔和它矛盾的教訓〕，它只會嘆息〔對方〕眼瞎——因為它看到亮光——但是它不會提出反對。（*A, 32*）

整個福音的心理是沒有罪咎和懲罰的觀念，也沒有賞賜的觀念。罪惡——神和人中間的距離——取消了。這就是大喜信息，蒙福不是一個應許，也是沒有任何條件的，它是唯一的真實——其他只是用以談論的表記而已。

救贖主的生命就只是這種實踐——他的死亡也只是如此。他再無需任何特定的程序、儀式和神交接——甚至連禱告也不必要。他打破了猶太教悔改、與神修好的傳統教訓。他明白只有透過生活的實踐，人才可以感到「神性」、「蒙福」、「福音」，常常是「神的兒女」。到神那裏去的道路，不是悔改，不是求饒恕的禱告，而是實踐福音。只有如此才能到神那裏——那才是神。（*A, 33*）

上面這幾段引文，是尼采對基督教的看法。上面對耶穌的描寫，對福音的敍述，比任何教會的牧師講道更美麗（這不用說了，一般人鮮有及得上尼采的文采的）、更動人、更真摯，更抓住福音的真諦。也怪不得尼采說：「認真的基督徒都對我很好」了。而這些引文卻都是出自《敵基督》！

尼采是不是自我矛盾、自打嘴巴呢?《敵基督》是他最後寫的幾本書之一,他是不是瀕臨精神崩潰,缺乏了組織力,前言不對後語呢?他稱讚耶穌,但是他不也是説耶穌不排斥、不反抗,很溫柔嗎?他不也是説耶穌對他所做的沒有證明嗎?不也是説他「武斷地」以自己的生活為有亮光,而視其他的為眼瞎嗎?為甚麼這些發生在耶穌身上就可以接納,甚至被欣賞,但發生在基督徒的身上,當教會傳揚同樣的教訓,卻成了十惡不赦、最腐敗、最虛假的毒素呢?《敵基督》中有一句話可以幫助我們了解:

> 真基督徒(指的是耶穌自己)與眾不同不是因為信仰。〔真〕基督徒有行動,他們與眾不同是因為他們的行為不同:在言語上,心底裏不抗拒對他不好的,不把外國人與本土人、猶太人、非猶太人分別出來……不生任何人的氣,不藐視任何人……所有這些都是基於一個原則,所有這一切都是出自本能。(A, 33)

「都是出自本能」,耶穌的不同是他這一切行為就像主人道德裏面的貴族一樣,是源於他自己的。他的不抗爭,他的溫柔是因為他本性如此,沒有目的,不是為了賞賜,不是為了贖罪。「他被欺壓,在受苦的時候卻不開口,他像羊羔被牽到宰殺之地,又像羊在剪毛的人手下無聲,他也是這樣不開口。」[19]在耶穌而言,這不是手段,並不是因為他期

待最後審判的大復仇，也不是因為他覺得這是他要負為世人贖罪的責任。而是這就是他本能所要的，就如孔子所說：「求仁得仁。」有甚麼要說的呢？有甚麼可說的呢？

現在我們可以詳細的看看尼采對基督教不滿的主要理由。

第一，基督教是向弱小、病態看齊。本來人類的進步是要由在上的人帶動的。他們被他們高貴的情操驅使，不斷的向更高處邁進。下層的軟弱是一種把人向下拖的負累。新的價值觀，應該回復以前的，以上面的為參考點。因為同樣的理由，尼采反對民主。他認為這是把一切人向下齊一。他說：

> 我們必須摒除爭取多人同意的壞品味的意念。如果所有鄰舍都同意的時候，好便不再是好了。怎可能有公認的「好」這回事呢，這是自相矛盾的。公認的價值一定低。最後的結果就是一般（也就是一般的價值，「一般」就定義而言就不能是上品。）——偉大的留給偉大的人……罕有的只有罕有的人才獲得。[20]（BGE, II 43）

第二，這些以在下為參考點的道德——奴隸道德的出發點是源於忌恨。忌恨是不能得出好結果的。其實奴隸道德也是要打倒、消滅他忌恨的對象。只是因為他們缺乏能力，也沒有勇氣，所以病態地壓抑自己的爭競心，以克己為

鵠的。消滅自己是一種負面的思想，也就是奴隸道德的想法。而把這種道德提升到最高位置，為它披上最華麗的外衣的就是基督教。

這種終極是虛無的奴隸道德，是違反人性，甚而是要消滅人性的。其實人的生命必須要以人為中心，除此以外再沒有其他可能的中心了。任何堂皇的口號，好像科學所謂絕對客觀的標準都是不成立的。我們必須維持人的地位、人的觀點才可以有理論，才知道前面該怎樣走。真相，不是超乎個別觀點之上的一個宏觀，而是聚集所有不同觀點的全相。

基督教在這眾多負面因素中提出信心，告訴我們只要堅持走過這眾多的惡劣環境，後面是有光明的結果在等待我們，尼采認為這是叫人掩面不看事實，不看不願意見到的事物而已。

除此之外，基督教教訓最要不得的是虛偽。所謂後來的光明其實都是基督徒美德的相反——是他們在這個世界裏所不敢爭取的，因而扭曲地認為是邪惡的。前面已經舉過一些例，如：報復，定他人的罪，等等。

就尼采看來，今日的基督教已經不是耶穌提出的真基督教。真基督教已經和耶穌同釘死在十字架上了。我們不曉得尼采接受不接受他所謂的真基督教，不過，無論接受與否，卻都是他所尊重的。他認為真基督教在任何時代都是可行的。真基督教就是耶穌生活所顯示的，是耶穌本能所

驅使他做的——不是一種信仰，不是一種手段。換言之，除掉了基督教所說有關將來的獎賞和懲罰；除掉了維持公正、保證善惡到頭終有報的上帝；除掉了幫助人忍受目前的苦楚——稱之為試煉，因為知道將來有無盡的福樂的信心，而仍然堅持行基督教所訓誨的，像耶穌在世的日子所行的，便是真的基督教的訓誨。

尼采和基督教的關係遠比他和華格納的複雜，因為基督教比華格納複雜得多。無論怎樣詳細的分析，總會有不能解釋的地方，齟齬難平之處。大體而言，他的討論方向是清晰的，無必要一定要把當中所有偏頗矛盾之處全部清除。[21]這章只是展示尼采對基督教所要破的，從此去看他所要立的，對尼采和基督教之間更深入的探討，是很費篇幅的，並不是這本小書可以顧及，只好留諸異日了。我們看過尼采對華格納的破，對基督教的破，從下一章開始就讓我們轉去看尼采自己的思想，看他所立的。

註釋

1 "Antichrist"是基督教的《新約聖經》所載的名詞，一般是譯作「敵基督」的。雖然"Antichrist"也可以解為「反對基督教的⋯⋯」，書中有某些片段，正如考夫曼指出，如第 38 節及第 47 節，也只能解為反對「和基督教有關的」。然而把書名翻成《反基督徒》卻是十分不妥當。沒錯，考夫曼說："Antichrist"可以解為"Antichristian"，這大概是把書名翻成《反基督徒》的根據（Walter Kaufmann, *The Portable Nietzsche*, Editor's Preface. New York: Viking Press, 1954, p. 565.）。我們必須明白"Christian"有兩個不同的意思：（1）基督徒。羅素的作品：

Why I am not a Christian 的 " Christian " 便應該作「基督徒」解。書名
是《為甚麼我不是基督徒》。但是 " Christian " 還有另一個意思：（2）
基督教的。" This is a Christian School. The Christian influence…… " 這裏
的 " Christian " 便不該譯為「基督徒」，而該翻成「基督教的」。尼采在
書裏反對的不是基督徒，而是和基督教有關的——教義、傳統、教
會等等。把書名翻為《反基督徒》是誤導讀者，而且歪曲了尼采的原
意。

尼采其實有意自稱「敵基督」。考夫曼在別處（GM, III 24, n. 3.）說：
「當尼采把他最後幾本書之一稱為 Der Antichrist，他的意思很明顯地
是敵基督，書的內容清楚表明這一點，而且毫無疑問他當時是有意盡
可能的用最具挑釁性的詞句。」所謂挑釁性就是指他自詡為敵基督，
所以 Der Antichrist 這本書以翻成《敵基督》為宜。

2　陳鼓應、周國平都沒有向讀者解釋尼采反對基督教的原因。周國平似
　　乎認為尼采反基督教是因為科學上的理由——科學已經否定了神的
　　存在。

3　Ronald Hayman, *Nietzsche: A Critical Life*, Chapter 1, p. 26.

4　Ronald Hayman, Chapter 2, p. 48.

5　Ronald Hayman, Chapter 2, p. 57.

6　R. J. Hollingdale, *Nietzsche: The Man and His Philosophy*, Chapter 2, p. 32.

7　基督教界是 " Christendom " 的中譯。

8　Walter Kaufmann, Chapter 13, p. 398.

9　周國平：《尼采：在世紀的轉折點上》（上海：上海人民出版社，1998
　　年），頁 199。

10　這裏「忌恨」一詞，在原著尼采用的是一個法文字 " ressentiment "。這
　　是尼采哲學中的一個重要觀念。至於他為甚麼要用一個法文字而不在
　　他自己的母語——德文——裏面找個適合的詞彙來表達呢？考夫曼
　　在他翻譯《道德的緣起》的編者序言的第三段已經有很詳細的解釋。
　　除了第一點：「德文裏面找不到一個和這個法文字詞義相若的字」，筆
　　者德文能力不夠，不能作判斷外，其他的理由都很有說服力。讀者可
　　以找考夫曼的解釋看看，幫助對這個重要觀念有更深的了解。

11　在本章前面已經提過這一點。

12　很多人在這裏馬上看到不少漏洞。今日世界上，不少有創造力而且
　　的確改變了世界的組織或行動，開始的時候都是從同情、憐恤出發
　　的——紅十字會便是一個好的例子。不過這裏的目的不在評述尼采
　　的對與錯，而是展開他的思想。這一點我在書的序中已經談過，不過

怕讀者漏看了、忘記了，所以不嫌重贅在這裏再提醒讀者。

13　考夫曼英譯本誤作《新約聖經》〈馬太福音〉六章 11 節。

14　這裏譯為「不是小家子氣的美德」在原文是 “Moralinfreie Tugend”，沒有 “Moralin” 的美德。“Moralin” 是尼采自創的詞彙，考夫曼在他的譯文中是這樣解釋 “Moralin” 的：「自創的詞，指的是一個不吸煙、不喝咖啡的人。」我把不喝咖啡改為不喝酒，因為今日社會，喝咖啡再沒有幾個人會視為品格上的瑕疵的了。我把他稱為「小家子氣」，也就是只拘小節。相信「小家子氣」，加上不吸煙、不喝酒的例子，應該清楚傳達了尼采 “Moralin” 這個新詞的意思了。

15　康德認為道德上的美德必須自身是目的，不能是達到其他目的的手段。尼采在這裏針對的就是康德這個説法。

16　康德認為一切道德上對的行為必須通過「定然律令」（Categorical Imperative）的考驗：「每一個行為背後的原則是否可以成為放諸四海皆準的原則」。道德的責任本身是目的，不能把它當手段看待。道德上的對並不是因為它為行動者帶來甚麼好的後果。所以康德在決定道德上的對錯的時候，行動者是絕不包括在考慮之列。康德的道德和美學是一脈相承的。康德美的觀念是完全從觀者出發，而不把藝術家（創造人）的觀點算進去的。康德説：「美是給予我們無我的快樂」（王國維是深受康德這個觀點的影響），這是尼采徹底反對的，他是服膺史丹達爾（Stendhal, 1783-1842）所説：「美是給予我快樂的許諾。」（GM, III 6）尼采認為無論道德也好，美也好：「把我們摧毀的捷徑就是我們工作、思想、感受都沒有內在的需要，沒有深切的個人選擇，沒有快感——只是機械式地為了責任。這是導致腐敗，甚至白癡的萬應靈方。康德就是這樣地成為白癡！」（A, 11）

17　我們千萬不要把尼采筆下的腐敗當一般的意義去解釋。尼采的「腐敗」用在討論宗教或哲學的時候，是有特別意義的。他説：「當我稱動物、物種或個人為腐敗，是指他們已經失去了本能，寧願選擇對自己不利而説的。……在我心目中生命的本能是生長、爭取耐久，積聚威力、權勢。假如失去了權力的意欲，就會衰退。我的論點是所有人類至高的價值都缺乏這種意欲，都有衰退的病徵。虛無價值掛着神聖的稱謂，稱王作主。」（A, 6）

18　尼采對佛教的看法是一個大題目，篇幅不容許在這裏作詳細討論。

19　《舊約聖經》〈以賽亞書〉五十三章 7 節。

20　尼采與民主這個問題太複雜，有待專文討論。

21　也可能是尼采對在青年時影響自己至深的基督教有難忘之情，抨擊起來也就未免激切及偏苛。

神死了

要警惕，不要接受這世界有自然法則的說法。世界只有需要，沒有發號施令的，也沒有守法的和違法的。
(*GS*, III 109)

佐治·摩根（George Allen Morgan）在他的《尼采想要說的》（*What Nietzsche Means*）一書說得很直接，很清楚：「毫無疑問，尼采哲學主要的前提就是無神論。」[1]

在這裏，我要指出神死了不是尼采反對基督教的理由；並不是因為他覺得神死了，所以宗教也便沒有立足點。在反基督教的言論中，尼采從來沒有把神不存在當為其中的理由。尼采認為神死了是因為他看到基督教的種種病態，指出當時歐洲教會所敬重的神已經根本不是神，並不符合宗教上神的觀念，沒有宗教上神的那種特質。

歐洲基督教會所信奉的神已經不是神，但歐洲的整套價值系統卻仍是以神為基礎，所以尼采認為應該重新評估當

時整套西方傳統的價值觀，要另找一個堅固的基石。他的出發點是神死了。在沒有神的宇宙中，是否可以重建另一套的價值系統？如果可以，會是怎樣的一套價值系統呢？「神死了」表面似乎仍然是尼采的破。其實是他立的第一步——他嘗試以「神死了」為前提，去建構他所要立的。

　　我把討論「神死了」這一章，放在討論反基督教的一章之後，而且把它作為本書討論尼采所要立的部分的第一章，原因就如上述。

　　尼采哲學中最多人知道的一句話就是「神死了」。在大家公認最代表尼采正面（所立的）哲學的《察拉圖斯特拉如是說》一書的第一部分的前言，也就是全書的開端，我們讀到「神死了」這句話。察拉圖斯特拉下山到人間去的時候，途中遇到一位聖者。這位聖者在林中隱居，專心謳歌讚美神，他勸察拉圖斯特拉不要到人世間去，留在林中與禽獸為侶。察拉圖斯特拉婉辭了聖者的勸告，繼續下山去。但當察拉圖斯特拉孤單一人的時候，他對他的心說：「這怎麼可能呢？這位在林中年老的聖者，竟然還未聽到過這件事——神已經死了。」（Z, I 2）雖然尼采沒有明說，但這裏已經清楚的暗示察拉圖斯特拉所以放棄了十年隱居生活，下山重到人世，其中一個理由是因為神已經死了。

　　究竟神已經死了是甚麼意思呢？是件喜事？抑或是噩訊？我們必須首先弄清楚，然後才可以討論以此為前提的尼采哲學。在尼采的著作中，最詳細提到神已經死了的一段

文字，見於《輕快的科學》：

你們可有聽到過一個瘋子在明媚的早晨打着燈籠走到鬧市不住在喊：「我尋找神！我尋找神！」周圍的人不少是不相信有神的，因此他惹來了不少訕笑。「祂迷了路？」一個問。「像小孩子一樣迷了路？」另一個問。「或者祂躲起來了？」「可能祂害怕我們？」「祂是不是去了旅行？或者移了民？」他們大喊大笑。

瘋子跳到他們中間，以凌厲刺人的目光望着他們大聲叫道：「神在哪裏？讓我告訴你吧！我們——你跟我——把祂殺了。我們都是謀殺祂的兇手。我們怎樣幹這事呢？我們怎樣能喝光海洋的水？誰給我們海綿可以抹掉地平線呢？當我們把地球和太陽的聯繫解開，我們到底幹的是甚麼？現在它往哪裏去了呢？我們又往哪裏去呢？離開所有的太陽？我們不是不斷地下墜嗎？向後、向邊、向前、向各個不同方向〔下墜〕嗎？還可以分出甚麼是上或下嗎？我們不是漂向無盡的虛無嗎？我們不是感到虛空的呼氣嗎？不是越來越冷，黑夜不斷的逼近我們嗎？我們不是在早晨也要點着燈嗎？……神已經死了，神仍然是死的。我們把祂殺了……這世界上最神聖的，最有權力的在我們刀下流盡血而死：誰會把我們身上的血跡抹乾淨呢？」

　　說到這裏瘋子打住了，再一次盯着他的聽眾，他們也一言不發驚愕地望着他，最後他把燈籠摔到地上，燈碎了，光滅了。「我來得太早了。」他說：「我的時候還沒有到。這件大事還仍然在途中……還未曾及到世人的耳朵。雷轟電閃是需要時間的，星的光輝也需要時間，事情雖然成就了，也需要時間才可以看得到，聽得到。這件事離他們比最遠的星球還遠──然而卻是他們親自作成的。」有說同一天，瘋子硬闖進了幾所教堂，重複這上帝已死的鎮魂曲。當被請出去要求解釋的時候，他都是這樣回答：「今日這些教堂除了是神的墓地丘墳以外，還可以是甚麼呢？」（ GS, III 125 ）

這是尼采寫的，有關神死了篇幅最長的，也是最為人知的一段文字，如果我們仔細的讀，可以發現幾個要點：

　　一、尼采並不是宣判神的死刑，他也不是殺死神的兇手，或者像反宗教的人所認為：是殺死神的英雄。他只是宣佈神死了的消息，是神死了這個消息的報道者。記者獨家消息報道某人逝世，我們不能說記者宣判某人死刑，更不能說記者是殺死某人的兇手。

　　二、殺死神的兇手是所有的人（在下面我們會更詳細的討論這一點）。而這個殺神的行為並不是有意的，而是無意的。尼采說得清楚：「〔神死了〕這件事離〔世人〕比最遠的星球還遠，然而卻是他們親自作成的。」要是法庭審訊，根

據所有的證據，人類蓄意謀殺神的罪名是不能成立的，極其量只是誤殺。神的死亡並不是反宗教的人有意識的行為的結果。

三、神的死亡並不是人類的勝利，並不是一個喜訊。因為在引文中，尼采指出了神死亡後的癥候——沒有了方向，沒有了光明，沒有了溫暖，人似乎是漂向無盡的虛無，感到越來越冷，而漆黑的夜晚不斷的逼近，要籠罩人生。如果這是神死亡的結果，又怎能說，對人類而言，是件喜訊呢？

如果要明白尼采所說「神死了」的意思，我們絕對不能忽視上述這三點。第三點神死了不是喜訊，在《輕快的科學》瘋子的話已經可以看清楚，於此不贅。讓我們逐一討論第一、第二兩點：

第一，尼采並不是說神根本不存在，宇宙中沒有稱為神的東西。所以前面引述過的周國平的解說：「在哥白尼的《天體運行》發表三、四百年之後，在科學迅速發展的現代，還有多少人連上帝不存在這點起碼的科學知識也不懂？」[2] 這並不是尼采說「神死了」的意思。如果這是尼采所要說的，他應該說：「神根本不存在。」或者神存在是一個謊言。但他說的是神死了。「死了」便暗示神曾經一度存在，不過現在不再存在了。

有人會覺得這樣的解釋是太膠滯於字面的意義了。如果今天神已不再存在，究竟神是否曾經一度存在過這個問

題又有甚麼意思呢？尼采説神死了就是説袖不存在。「死了」只不過是文學語言，更能抓着人的注意，尤其是在十九世紀，基督教的信仰還是十分濃厚的歐洲。就如周國平所説：「尼采不愧是個詩人、哲學家，從他的『上帝死了』這一聲聲人聽聞的呼喊中，歐洲信仰危機的嚴重性形象地呈現在人們面前了。」[3]「神死了」只不過是要聳人聽聞，增強效果，是詩人的語言。可是在十九世紀的歐洲，宣稱「神根本不存在」或者説「神是個絕世謊言」也是同樣駭人聽聞的。尼采説：「神死了」而不説神不存在，考夫曼的解釋，相信是最體貼説者的心意，最有啟發性的：

> 事實上，尼采並不是説：一直以來，你都聽到天地間有一位神，可是我實實在在的跟你説，根本沒有神。他説的是：神死了。
>
> 這是宗教的語言，是從福音書中演繹過來的圖畫……[4]

尼采説神死了不是從科學的觀點出發，而是從宗教的觀點出發。他很明白宗教有宗教的推理過程，有它自己特定的範圍、目的。他不是從宗教以外去推斷神不存在。「神死了」，暗示袖曾一度活着，便表明尼采是從神存在這個傳統出發，他接受宗教的傳統，從中去探究神存在的問題。而且主要着眼點是：「嘗試診斷當時的文化，而不是對終極真實世界的形而上的探索。」[5]他得到神死了的結論是表示他

認為從宗教立場上看，神這個觀念帶來對人類的影響已經結束了，以有神為前提的人生觀也不再站得住腳了。所以要明白尼采神死了的說法，我們不是從科學去證明有神抑無神（讓我再強調一次科學是證明不了神存在與否的，這不是科學的知識），而是要先明白神是怎樣的一個觀念，這個觀念怎樣影響人，以有神為前提的人生是怎樣的一種人生[6]，然後才可以理解尼采神死了的意思。明白了「神死了」的意思，才可以討論究竟尼采說得有沒有道理，是否可以接受。

現在讓我們討論第二點：神是怎樣死的？人怎樣把神殺死？

談到神怎樣死，在尼采的著述中有幾段值得我們留心，因為說得很直接：

> 魔鬼有一次這樣對我說：「神也有祂的地獄——那就是祂對人的愛。」最近我又聽到他如是說：「神死了，祂是死於對人的憐憫。」（Z, II 3）

在《察拉圖斯特拉如是說》的第四部分，察拉圖斯特拉遇到最後的教皇，教皇對察拉圖斯特拉說，他忠心耿耿的服侍神直到最後一刻。察拉圖斯特拉沉默了好一回，然後問教皇：

> 你侍奉祂至最後一刻？你可知道祂是怎樣死的？他們說是憐憫把祂勒死了。祂看到人掛在十字架上，祂忍受不了。祂對人的愛，成了祂的地獄，

最後成了祂的死亡，這話可是真的？

　　可是老教皇沒有回答，害羞地帶着憂鬱、痛苦的表情望向別處。（Z, IV 6）

根據尼采，神的死亡是因為祂對人的愛，對人的憐憫和同情。就如最後的教皇所説：

　　當這個從東方來的神（指基督教的神）年青的時候，祂是嚴厲的，有仇恨的，祂為自己建立地獄去娛樂祂所喜歡的人。然而，最後祂老了，變得心軟、祥和、憐憫，不再像父親，更像祖父，最像的是：一位顛顛抖抖的老祖母。（Z, IV 6）

神本來滿有衝創力，向祂要到的地方、要達到的目標，不顧一切的邁進。神也是忌恨的，一切反對祂的，祂便剪滅；阻礙祂的，祂便超越；跟不上的，祂便丟棄。尼采説他不喜歡基督教的《新約聖經》，但《舊約》卻是另一回事，因為在《舊約聖經》中他看到像神形象的英雄，不像《新約》的小家子氣，滿是小人的怨毒。

　　然而，人缺乏勇氣爭取他們想要的、反抗壓迫他們的，他們不再進取，不敢成為神的伴侶，自怨自艾。

　　如果我〔不是我〕而是其他的人〔那便好了〕……然而這是沒有可能成功的。我就是我，我怎樣才能夠從自己裏面解脱出來呢？我實在討厭我自己。（GM, III 14）

面對這樣的人，神變得心軟，充滿憐憫同情。祂不再要求
人進取，反倒接受他們的無能、軟弱為蒙恩條件。在仇敵
面前膽戰，要爭戰的時候發抖，遇到艱險的時候退縮，神卻
說：來！我替你殺敵，我為你戰勝，我擔負你向前。就像
祖父母呵護孫兒一樣，在充滿憐憫的神面前，人再不用奮
鬥，甚至不用思想，只需要誇耀自己的軟弱。

> 神成為一個籠統的答案，對肯定思想的人而
> 言實在太粗陋了。只是一個籠統的禁令：你不必思
> 想。（*EH*, II 1）

不必動一根指頭，不用思想，神負責一切，只要人說我不行
了，就能得到神最大的憐憫。可是在這種憐憫下，神也失
去了把人向上提升的能力，垂垂老去，以至死亡。

在尼采著作中還有另一處清楚的談到神的死亡：察
拉圖斯特拉遇到最醜陋的人。最醜陋的人拉着他，不讓他
走，要他猜猜他是誰。察拉圖斯特拉以銅一樣堅硬的聲音
回答說：

> 我很認識你，你就是謀殺上帝的兇手。讓我走
> 吧！你不能忍受明察，洞悉變化，把你看透了的那一
> 位，你這最醜陋的人！你仇殺了這位見證人。（*Z*, IV 7）

首先，尼采似乎有點前言不對後語，在《輕快的科
學》，他明明說是所有人——包括我和你——殺死神，這裏

卻說是最醜陋的人所為。不過，在尼采眼中，現代人都是醜陋的，所以「所有的人」和「最醜陋的人」可以是二而一，沒有甚麼分別的。

這裏尼采認為最醜陋的人是因為忍受不了被神看透，為了報復把神殺死了。這個寓言到底應該怎樣解釋呢？周國平說：

> 《查拉圖斯特拉如是說》中那個最醜陋的人道出了真相：「上帝明察一切和人類：所以他不能不死！這樣一個見證人活着，人類是不能忍受的。」這是說人類謀殺了自己的監督者，暗喻基督教倫理與人類本性的不可相容。[7]

周國平的結論——暗喻基督教倫理與人類本性不可相容是沒有根據的。尼采反對基督教，但無論明說也好、暗說也好，從來未表示過基督教的教義和人類本性不相容。

另一位學者的解釋是：最醜陋的人不是因為他殺死了神所以醜陋，而是因為他的醜陋，所以把神殺了。神看到他的醜陋，對他憐恤同情，他忍受不了神的憐憫，因為這使他自慚形穢，所以他把神殺了。[8]

林柏（Laurence Lampert, 1941- ）說，最醜陋的人所以要追隨察拉圖斯特拉，就是因為察拉圖斯特拉對他沒有半點憐憫，這反而叫他不至自慚形穢，愧恨交加，老羞成怒，覺得受尊重而甘心樂意的跟隨察拉圖斯特拉。下面一段引文就

是林柏演繹的支持：

> 可是你靜靜的走過我身旁，〔因為我的醜陋〕感
> 到羞恥而紅了臉，我看得一清二楚，這就是為甚麼我
> 認出你便是察拉圖斯特拉。其他人走過都會給我施
> 捨，都會用他的眼光或者用說話給予我他的憐憫，
> 然而就如你猜到的，我還不是淪落到如斯地步的一
> 個乞丐。因為我太富足了。在偉大的事上，可怕的
> 事上，最醜陋的事上，最不可言喻的事上我還是富足
> 的。你為我感到可恥，察拉圖斯特拉，是你對我的
> 尊敬……不願意幫助人是比處處給人幫助更高貴的
> 美德。
>
> 可是今日在小人當中憐憫卻是被視為美德，他對
> 大的不幸、大的醜陋、大的失敗沒有尊重。（Z, IV 7）

林柏對這個寓言的解釋很有意思。起碼他對神死於對人的
憐憫一點有交代──因為忍受不了神的憐憫，最醜陋的人
把神殺死了。然而，林柏的解釋還有可商榷之處。

寓言只是說神看透了，並沒有說祂憐恤、同情最醜陋
的人，而人耐不住神的洞察，沒有說耐不住神的憐憫。看
透一個人，未必便會憐憫、體恤他。

我看寓言還可以有另一個詮釋。人不能容忍神把他看
透，在神的洞察下，他自己的醜陋無可掩飾，這叫他無限羞
愧。可是他又沒有勇氣超越自己，沒有能力改變自己。於

是最醜陋的人決定把神看為容忍醜陋的、同情軟弱的、接受失敗的。他為自己——病態的,稱為人的動物——訂下了新目標,變成這位充滿憐憫的神馴服的家畜。他的出發點並不是要消滅神,但神卻因為被他們認定為滿有恩慈、憐憫,而漸漸老化,死亡了。因此,神是人無意之間殺掉的,被人擠出了世界之外,而兇器就是人所堅信的神對人的憐憫。神對人的憐憫不是人謀殺神的殺機,而是人謀殺神的手段和工具。

尼采怎樣看待神的死亡呢?

從瘋子的一連串問題裏,尼采似乎覺得沒有神,人類便像無舵之舟,在無際的黑暗中漂泊。沒有神,把神殺死了並不是人的解脫。

西方的社會從中世紀開始便是一連串的解放——從教會的權力中解放出來;從君主的權力中解放出來;工業革命,中產階級的興起,人從控制財富的勢力中解放出來。每一次的解放都帶來了歡欣快樂。到了十九世紀,思想家開始懷疑道德的規範。西方社會雖然掙脫了教會的權力,可是神仍被視為道德規範的建立者、保證人。祁克果(Søren Kierkegaard, 1813-1855)是最先對道德權威提出質疑的——他並沒有挑戰神,但他問:「誰是神命令的詮釋者?」神對亞伯拉罕說,把我賜給你的獨生子以撒當作燔祭獻給我。亞伯拉罕便應命,但神在最後一刻制止亞伯拉罕把以撒宰殺,而亞伯拉罕因此被猶太教和基督教的信眾尊為義。[9]可

是哪一個人確定把以撒當燔祭獻上的命令是來自神，不是來自魔鬼的呢？誰知道清楚這不是亞伯拉罕自己的誤會，要勉強做一些以為可以取悦神的事？當亞伯拉罕不再把以撒獻上，把他從祭壇上拿下來，又是誰證明他不是中途違命，而釋放以撒的而且確是來自神的命令呢？當詮釋甚麼是來自神，甚麼是神的命令這個責任落在個人的身上，當個人不必再仰賴權威替他解釋，而是由他獨自決定怎樣解釋神的吩咐的時候，這種自由所帶來的便再不像以前爭得自由時所帶來的一樣，不是歡欣、喜樂，而是祁克果討論亞伯拉罕那本書的題目——《恐懼與戰慄》（ *Fear and Trembling* ）。這種自由竟然是詛咒。[10] 尼采比祁克果更跨前一步，人不是神的詮釋者，因為宇宙的神已經死了，已經沒有給人類詮釋的神了。以前在道德上發號施令的神已不再存在。神死亡以後尼采的感受，我們從瘋子所問的連串問題便可以看出，和祁克果一樣是恐懼和戰慄，而且程度比祁克果更深。因為祁克果的恐懼只是來自人要為自己的行為負責，確保它符合神的指示；對尼采而言——神死了以後——人不只要為自己的行為負責，更要為世界找一個方向，找一個舵手，找一個安穩的錨。換言之，有限的人要負上無限的神一樣的責任——為全世界負責。

另一方面，尼采因為神的死亡感到興奮。他説神的死亡在他而言，本能上覺得理應如此。因為他自己太喜歡質疑、太多問題、太活躍，不能忍受籠統的答案（Gross

Answer），而上面已經引述過，尼采認為神是個最籠統的答案。這個答案對有思想的人實在太粗糙了，歸根結底，只是一個籠統的禁令——你不要想！（*EH*, II 1）

對尼采而言，神的存在叫人不必再問道德上的問題，因此世上的宗教領袖可以壟斷這方面的答案。根據這些宗教人士，有些問題，人是沒有資格去決定孰是孰非的；所有最高層次的問題，所有有關最高價值的問題，都是超出人的理智的。探究人理智的限制才是唯一真正的哲學，其他重要答案有待神的啟示。為甚麼要啟示？因為人不能夠自己判斷善惡，所以神必須把祂的意念啟示給他們。（*A*, 55）

十分明顯，尼采是要除去這個籠統的答案——神。就這方面而言，尼采認為神的死亡是一件叫人興奮的事。

所以在神死亡這個問題上，尼采是矛盾的。一方面他興奮，因為神的死亡，人得到他的自由，在有關人生最高價值的問題上，人可以質疑，可以決定。然而另一方面，尼采不像淺薄的無神論者，他深深理解神死亡之後帶給人類的後果：一切行為都失去了價值、方向；所有行為都變為可能的，有同等的價值。尼采所以值得我們——無論信有神的，抑無神的——尊重，是因為他肯，也敢面對接受神死了的一切後果。

考夫曼説：

> 要逃脱虛無主義（Nihilism）——似乎包括兩個

互不相容的肯定：肯定神的存在，因此現存的世界再沒有終極的意義；否定神的存在，宇宙間一切事物也就都失去意思和價值。這是尼采不停要面對的最大難題。[11]

我覺得尼采並沒有完全解決這個問題。不過在他的著作中有一兩段文字也許可以提供我們解決的線索：

> 我們的歡欣的意義──最近的大事，神死了，對基督教的神的信仰不再可信了──這已經開始在歐洲投下了陰影。（GS, V 343）

> 甚麼把我們和其他人分別出來呢，不是我們找不到神──無論在歷史之內，自然之中，抑或自然的背後，都找不到神，而是我們並不覺得我們一直尊為神的像一位神。（A, 47）

神，從宗教的層面去看，是生命終極的目的。本來這個終極目的是人類向上提升的動力。「世人都犯了罪，虧欠了神的榮耀。」（〈羅馬書〉三章 23 節）擁有神的榮耀是人生的目標，然而人總是和這個目標有距離，相比之下總是有缺欠。然而這個本來叫人向上的剛健之神，今日是「老了，變得心軟、祥和、憐憫，不再像父親，更像祖父，最像的是：一位顛顛抖抖的老祖母。」做父親的會嚴厲督促子女向上，祖父母卻都比較縱容孫兒。人不能忍受不斷驅使我們向上的神，因為一般人都是懶惰的、自憐的。於是人把

神演繹為寬恕的、憐憫的。（然而心靈深處並不接受這個演繹，所以天堂以外還得設有和天堂相反的地獄。）原來的神也便變得軟弱衰老，最後死亡消滅了。在自然之內，人類歷史之中，我們不是找不到神，只是找不到我們（尼采時代的歐洲教會）以為是神的神。尼采說神死了，所指的神只是當時歐洲基督教所信仰的神，當時教會一直尊為神的神。他仔細考察當時基督教教會神的觀念，發現教會所謂的神並不像神，不是把人向上提升的終極目的。尼采的哲學便是從「神死了」這點出發，雖然死了的神只是那位歐洲基督教會一直尊為神的神，但尼采並沒有探究是否有另一位神。他似乎接受了穆勒（Wilhelm Müller, 1794-1827）《冬之旅》（*Winterreise* 英文譯名 *Winter Journey*）其中一首詩的壯語：「如果世界上沒有神，就讓我們自當為神吧！」他的哲學就是以讓我們自己充當神為前提。不過他完全沒有否定過神存在的可能，他依然維持敞開一道解決問題的門：也許神仍然是存在的，只是當時教會所崇信的是錯誤的——並不是真神，真神被教會的誤解擠出了世界之外——也就是對我們而言，不再存在，已經死亡了。如果，如上一章所說，基督教一直誤解了耶穌所傳的，也誤解了耶穌這個人，那麼也有可能基督教一直誤解了神。考夫曼指出尼采所面對的兩難，很可能在重新肯定甚麼是神那裏得到解決。

　　在現存的尼采作品裏面，尼采並沒有用過這道敞開的門，但也沒有把它關上。他對價值的重估是基於神不再存

在的前提而進行的。他並沒有考慮過耶穌的復活，神的重新肯定。但尼采的哲學主要的特色是不停的蛻變，現存的尼采哲學並未完全解決上述的兩難。如果尼采不是因精神的崩潰，五十歲未到便結束了他哲學的生命，假若繼續發展下去，他會不會穿過他留下的未曾關上的門去尋找答案呢？察拉圖斯特拉會不會再一次走進他宣佈神死亡的鬧市，向群眾宣佈一個新的信息：「神復活了」呢？韓士・韋興格（Hans Vaihinger, 1852-1933）在他的《有關虛擬的哲學》（*The Philosophy of 'As If'*）一書討論尼采的一章裏說：

> 對虛構的用處和有時虛構是必須的理解，早晚一定會叫尼采認識到宗教裏面的虛構是有它的用處而且是必須的。很多人問如果 1888 年這件過早發生，把尼采哲學的發展結束的不幸的事件沒有發生的話，尼采的發展和長成又會是怎樣的呢？答案是：尼采這樣毫不留情的展示了宗教觀念邪惡的一面之後，也必會強調那良善的一面，他會再次認識肯定這些虛構和觀念是必須而有用的。其實他已經走上了這條路，在這本書的前面我們已經找到不少他所說的話指向這個方向。[12]

我們不一定同意韋興格的看法，但不能不承認他的看法很有趣，很值得研究尼采的人再三思想。

註釋

1　George Allen Morgan, *What Nietzsche Means*, Chapter II. New York: Harper Torchbooks, 1965, p. 36.

2　周國平:《尼采:在世紀的轉折點上》,頁 199。

3　同上。

4　Walter Kaufmann, *Nietzsche: Philosopher, Psychologist, Antichrist*, Part I, Chapter 3, p. 100.

5　同上。

6　尼采認為很多哲學的問題應從緣起入手,所以他寫了《道德的緣起》,這是他對道德哲學的探索。我覺得關於神的問題也可以循這條路去討論。神的緣起,在遠古,神到底在人心目中有些甚麼屬性?祂和人類是怎樣的關係,和今日人對神的看法和關係有甚麼不同?這些不同是怎樣產生的?倘若我們嚴肅的循着這條路鑽研下去,那我們對宗教、對神的問題應該有更深入的體會。

7　周國平,頁 200。

8　Laurence Lampert, *Nietzsche's Teaching – An Interpretation of Thus Spoke Zarathustra*, Appendix Part IV. New Haven: Yale University Press, 1986, p. 297.

9　亞伯拉罕獻他獨生子以撒的事蹟見《舊約聖經》〈創世記〉第二十二章。

10　其他存在主義者也作如是想。

11　Walter Kaufmann, Part I, Chapter 3, p. 101.

12　Hans Vaihinger, *The Philosophy of 'As If': A System of the Theoretical, Practical and Religious Fictions of Mankind*, trans. C. K. Ogden, Part III, Historical Confirmations, Section D-Nietzsche and His Doctrine of Conscious Illusion. London: Routledge & Kegan Paul Ltd., 1965, p. 361.

《察拉圖斯特拉如是説》

亨利‧范‧史坦博士（Dr. Heinrich von Stein）[1] 一次誠實地投訴說，他對我的《察拉圖斯特拉如是説》一隻字也沒看懂。我告訴他這是很正常的。一個人如果看得懂——實實在在的體會到書裏面只六句話，他已經超過了一般現代人所能達到的層次了。（*EH*, III 1）

　　在一至五章，我們討論過尼采所要破的：華格納的思想和基督教的信仰。這兩種思想對尼采都有極深的影響，他的反對並不是膚淺的反對，而是發自對這兩種思想深切的認識。雖然尼采對兩者的批評都很嚴刻，細心的讀者不難發覺，字裏行間不時流露出親者之痛。前面第六章，又討論過尼采要立的前提——神死了，世界上再沒有神作為我們價值的基石。

　　從本章開始，我們便要討論尼采所要立的。討論尼采所立，並不是件容易的事，雖然十八、十九世紀歐洲的思想

家都喜歡建立組織複雜、構思嚴密的哲學系統，但也有不少當時「邊緣」的思想家對這些系統的建構大不以為然。祁克果便故意把他自己的一本著作，命名為《哲學的殘章斷句》（*Philosophical Fragments*），以示對哲學系統的抗議了。

尼采沒有明確地反對哲學系統的建構，可是他也沒有遺下任何著作可以視為他的哲學系統。他喜歡用札記的形式表達他的思想，這種形式並不是要構建哲學系統的適當表達形式，所以討論尼采所立是困難的。下面的討論只是指出尼采思想發展的幾個大方向，以及尼采所以沒有建立他自己的哲學系統的可能原因。

《察拉圖斯特拉如是說》（以下簡稱《如是說》）是尼采最著名的作品。除了他最早的一兩本作品以外，這本書是尼采唯一的積極，也就是說不只是破，還嘗試立的作品。其他和它齊名的論著如：《善惡之上》、《道德的緣起》都是以拆毀、攻擊其他理論為內容核心。因此要討論尼采的思想，《如是說》是必須討論的一本書。

然而，《如是說》卻不是一本容易明白的書。說不容易明白，並不是說我們不曉得尼采在書中想說甚麼，整本書的方向並不難理解。可是書內很多片段，甚至很長篇幅的片段，往往叫讀者摸不着頭腦。不像一般西方的哲學作品，《如是說》似乎沒有縝密的推理，謹嚴的結構。書的內容是記載古波斯神人察拉圖斯特拉的說話和遭遇，而他的說話和遭遇都是古古怪怪，不是我們日常慣聽、慣見的。全書像

是把很多滿有深意的寓言，拉雜放在一起，其中就是有兩三段我們完全不明白它的意思，也不會影響對全書的了解。

今日學術界對《如是説》的評價（《如是説》初版，本書前面已經提到過，銷量不過幾十本，可以説完全引不起社會的注意，根本談不上甚麼評價；所以要談對《如是説》的評價，只能談今日，不能談當年初版時的評語），也就像百年前對尼采的處女作《悲劇的誕生》一樣，毀譽參半。像白蘭沙特（Brand Blanshard, 1892-1987）便嚴苛地批評這本書説：「〔我〕不時有衝動要把這本書扔到屋子的另一邊……如果〔尼采〕肯把這些『傾訴』稱為偏見，也許我們可以就着寫書的背景和當時的整體精神〔勉強〕接受……然而明顯地〔尼采〕視之為哲學。其實這本書大部分是裝腔作勢的以賽亞式的預言，雜亂無章，非理性的巫師的囈語。……」[2]

就是同情尼采的，推介尼采思想不遺餘力的，也承認《如是説》是本難明的書，而尼采本人似乎以此為榮。他對《如是説》這種自稱自讚、目無餘子的氣燄是惹人反感的。[3]尼采對他自己這本著作也的確是評價極高。他説：「也許有一天〔學術界〕會為《如是説》這本書的演繹，設立幾個〔講座〕教授的位置。」（EH, III 1）在這些極端不同的評價下，我們要展開《如是説》的介紹，開始前有兩點請讀者必須首先銘記於心的：

第一，《如是説》是一本哲學的文學作品，我們不能以閱讀一般傳統西方哲學著作的態度去讀《如是説》，甚至不

能把它和柏拉圖的《對話錄》一般看待。柏拉圖《對話錄》雖然是對話，但仍然有嚴謹的推理，而且沒有駭異的故事。要找一本和《如是說》相彷彿的哲學著作，我馬上想到的（再想下去也沒有想到另一本更適合的）是中國的《莊子》。

《莊子》也是一本充滿寓言、故事的書。以〈內篇〉第三篇〈養生主〉為例吧，除了開首「吾生也有涯」到「可以盡年」數十字是論述以外，全篇只是由或短或長的五個寓言故事組織而成。故事之間沒有推理，沒有組織，就只是幾個似乎相干、又似乎不相干的故事，拉雜放在一起，甚至連表面的聯繫文字都沒有。《莊子》為甚麼用上這麼的一種結構呢？

我們需要明白邏輯推理是有它的前設原則的。這些前設原則往往不必說明，因為已經是一般人接受而且公認的常識。可是如果我們需要討論的恰恰便是這些前設，那麼邏輯推理便不管用。就如《莊子·齊物論》所說：「此亦一是非，彼亦一是非。」如果我們接受了「此」，在「此」之下當然可以分辨孰是孰非。但如果我們要向接受「此」的人，指出「此」外還有「彼」；如果肯定了「彼」，便有另一套與「此」不同的是非。我們希望接受「此」的人可以看到「彼」雖然和「此」不同，卻不是不能接受的。這個說服或討論過程便不能單靠邏輯推理了，因為沒有公認的基礎去進行推理。

說不能靠邏輯推理，並不是說沒有理由，只能訴之於力，有力（權力、暴力、財力）者勝，而是說整個討論要靠不是邏輯推理的方法。其中一種討論方法便是指出一些事

實，以及同一事實用不同的前設演繹出來的後果。希望對
方看到這些後果從而看到不同的前設。舉一個例，下面的
一幅圖，我們可以看成（甲）一位年青、相貌娟好的女子的
側面（從一個前設看到的後果），也可以看成（乙）一位年
老、相貌較平庸的婦人的側面（從另一前設看到的後果），
我們怎樣可以叫只看到（甲）的也看到（乙），或相反地，只
看到（乙）的也看到（甲）呢？這裏沒有推理可言。但不是沒
有理性的方法可以達到希望達到的結果。

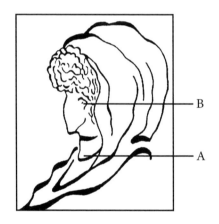

　　譬如我們可以指着（A）說這是老年婦人的下巴，指着
（B）說這是老年婦人的眼睛（這是根據把圖畫看成老婦所得
到的事實），把圖畫看成（甲）的人開始的時候往往不明所
以，因為在他們所習慣的看法，（A）明明是衣服的一部分，
而（B）是女子的耳（這是根據把圖畫看成美少女所得到的
事實），可是當他們慢慢地試把（A）看成下巴，（B）看為眼
睛，他們便忽然看到（乙）了。

　　當我們要討論不同前設，要改變對方的前設，我們用
的便正是這種方法：舉出大量從不同前設所得的結論、看
法，希望對方能透過這些結論看到與他們一貫所接受的不同
的前設。《莊子》所以用上這麼多的故事、寓言，就是這個
道理。

　　尼采要重新估價一切價值，換言之，他要討論當時所
有的價值觀。那麼他的立足點是甚麼呢？他不能有任何已
知或被接受的立足點。在這裏甚至連上述圖畫的例子也不
適用，因為他不是要我們把圖畫看成（甲）或（乙），而是要
看穿在一切演繹裏，那可以接受無限演繹的真實——也就
是戴安尼修斯的真實。所以尼采用的方法不是傳統上的邏
輯推理，而是接近《莊子》的寓言和講話了。

　　第二，《如是說》雖然是尼采積極、正面的著作，但尼
采的積極和正面也和西方傳統的積極正面不同，班納·威
廉士（Bernard Williams, 1929-2003）論到尼采（不只是論《如
是說》）說：

　　　　尼采不是哲學理論的來源。……不能用一般哲
　　學方法去研究，已經成為了尼采哲學結構中的一部
　　分。〔他的哲學著作〕裏面設有不少機關、陷阱，防止
　　我們從中得到一個理論。不少時候〔他的著作〕甚至
　　防止我們對它作系統的分析，得出可以建立理論的結
　　果。他的著作所以有這種效果，部分是因為所選取

的內容，部分是因為表達的形式及態度。[4]

威廉士接着説：

> 很多人因為尼采著作的這些特點便認定不能把
> 尼采納入學院的哲學來討論。然而這並不表示尼采
> 的思想不重要。我們不能以怎樣界定「哲學」來避開
> 不談尼采的思想；也不能以歸類來逃避討論尼采的著
> 作和一般人所謂哲學之間的緊密關係……。起碼在
> 道德哲學的範圍之內，如果我們漠視尼采，這並不是
> 維護一種對哲學的了解，而是不敢正視一個問題。[5]

套用上面説到的圖畫為例，尼采沒有對圖畫有任何一個特別的看法。他的立不是提出一套理論。他對（甲）和（乙）的看法有滿意也有不滿意的地方，（甲）和（乙）都不是全面唯一的看法。尼采的正面理論，只是要否定未接受任何演繹前，圖畫的本身有一個前設的真實；以及探索除了一般熟悉的看法以外，還有沒有對圖畫言之成理的其他看法。所以我們不要希冀從《如是説》找到一個尼采認為正確和全面的價值觀。如果讀者認為只有提供這種答案才可以説是積極、正面，那麼《如是説》的確不是積極、正面，不過也不是只有破的消極。

其實上述兩點在《如是説》的前言已經很清楚表達了出來，讓我們詳細看看這個前言：

察拉圖斯特拉在山上隱居了十年，覺得他積極的智慧如滿溢的蜂房之蜜，必須與其他人分享。「看哪！這隻杯將要被倒空，察拉圖斯特拉要再一次變回人。」於是察拉圖斯特拉開始下山了。（Z, I Z's Prologue 1）

可是他在山下的經驗並不愉快，沒有人明白他所傳「神已經死了」的信息。只有一個走高架鋼索的賣藝者，失手摔死在察拉圖斯特拉的身旁，臨終前看到察拉圖斯特拉跪在身旁，問道：

你在做甚麼？我早已曉得魔鬼會絆跌我。現在他要把我拖到地獄裏去，你能不能阻止他呢？

察拉圖斯特拉回答說：「朋友，我指着我的名譽對你說，你所說的都不存在，世上根本沒有魔鬼也沒有地獄，你的靈魂要比你的肉體死得更早，再沒有可懼怕的了。」

那人疑惑地望着察拉圖斯特拉說：「假如你說的是真話，我的死並不是甚麼損失，我比一隻受鞭策為了幾口飯而跳舞的禽獸好不了多少。」

「不是，不是。」察拉圖斯特拉說：「你以危險為你的事業，這完全沒有值得藐視的地方。現在你因你的事業而死，為這個緣故我要親手給你埋葬。」

當察拉圖斯特拉說完這話，這個快要死的人再沒有回答，他只是移動他的手，似乎要握着察拉圖斯

特拉的手表示感謝。

察拉圖斯特拉便攜着死屍同行，直到夜深疲倦了，才把死屍放到一棵中空的枯樹裏面，倒頭便睡。

當他一覺醒來，他說：「一個新異的見解臨到我。我需要的是伴侶，活生生的，不是死了的伴侶！不是由我攜帶的屍骸。我需要活的伴侶。他們跟隨我，無論我往哪裏去，因為他們要跟隨他們自己。

我有一個新異的見解，察拉圖斯特拉不再向群眾說話，只向伴侶說話，察拉圖斯特拉不要變成羊群的牧人，或護羊犬……

看哪！所有信仰的信徒，他們最憎恨的是誰呢？就是破壞他們的規條和價值的人：破壞者、毀法者。然而這個〔破壞者、毀法者〕卻是創造者。

創造者找尋的是伴侶而不是屍骸、羊群、信眾。創造者是找尋同行的創造者——那些在新的表格上寫上新的價值的人，創造者尋找的是伴侶，是同行的收割者……。

我會朝着這個目的走，走自己的路。那些遲疑的、落後的，我將躍過他們，讓我的下山成為他們的滅亡……。」

於是，察拉圖斯特拉開始下山。（Z, I Z's Prologue 6-10）

　　這個前言是一個寓言，當中不少地方是有意摹仿基督教《聖經》的。譬如提到牧人、羊群，叫人讀的時候自然而然地把所讀的和基督教《聖經》作比較。他基本上是反對基督教式的説教：寫書的人像全知者，提出一個真理，聽的人只需明白、接受。這樣的模式把聽眾看成行屍走肉，只是讓説教的人攜着走，是説教者的負累。尼采希望他的讀者不是傳統上的信眾。他不要攜着他的讀者走，像察拉圖斯特拉開始時攜着死屍走一樣。他要找活的伴侶。活的伴侶是可以有問有答，議長計短，相互切磋砥礪、改進的。伴侶不是羊群，羊雖然有生命，但羊與牧人的關係跟死屍和察拉圖斯特拉的關係差不多，都是單向的牧人訂下規則，羊群依則遵行。尼采要的是創造者，敢破壞訂下的規條，肯訂立新的法則。尼采這種突破傳統的想法，又怎樣可以用邏輯推理形式介紹呢？而且如果以推理方法進行，十分容易墜入以前的窠臼：推理結果是這樣，所以必須這樣作才是對，沒有討論空間，甚至反對的餘地，那不是要聽者像羊群、像信眾一樣接受嗎？可是以寓言來表達，既生動，又傳神，也給讀者大量「創造」的空間，可以決定接受與否，以及接受多少。就像威廉士所説：

　　我同意米歇爾・傅柯（Michel Foucault, 1926-1984）最近被訪問時所説，沒有一個單一的尼采流派。〔對尼采的思想〕唯一合理的問題是：「我們可以怎樣嚴肅地應用他説的話。」[6]

《如是說》的表達方式正方便在讀者中生發這樣的效果和反應。

　　此外，前言一再強調察拉圖斯特拉要的是伴侶、創造者，便是要表明尼采並不是要在書中傳遞另一個真理、另一套訓誨。他只是希望指出一個方向，期望有人願意和他結伴同行。可是這個旅程沒有目的地，未必有結果，在《人性‧太人性》尼采說：

> 　　任何人只要取得一些心靈上的自由都不能避免覺得自己是地球上的遊蕩者——不是朝着一個終極目的地走的旅客。因為這樣的目的地根本不存在。（*HATH*, IX 638）

察拉圖斯特拉只是邀請聽他說話的人和他結伴遊蕩，他自己也不曉得終極目的地，甚至否認有終極目的地。

　　《善惡之上》有一段初看很費解的文字，更可以闡明為甚麼尼采認為在心靈上爭取得自由的人，無可避免都會感到自己是遊蕩者：

> 　　知識只能在無知——這個磐石般堅固的基礎上建立。知識的欲望是建立在更強的無知、疑真疑假、真實的欲望上。這些不是和知識欲望相反，而是精益求精。（*BGE*, II 24）

　　為甚麼尼采這樣說呢？因為只有知道我們尚未得到真

理，只有明白我們尚未取得真確的答案，我們才會繼續前進。如果我們認為自己已經獲得真理，知道最後的答案，我們便會停頓下來——因為既然有了「最後」答案，達到了終極目的，前面的路還可以怎樣走呢？中國古語說：「止於至善。」並不只是說我們必須達到至善才停止；也有另一個意思，就是當我們達到至善的時候，我們不能不停止——因為還有甚麼進一步可走的呢？所以知識的增長是建立在無知上。無知是催促我們向上，驅使我們尋找答案。無知不是知識的反面，而是逼我們在知識領域中精益求精。察拉圖斯特拉所尋求的便是一群永遠不滿足，永遠覺得自己是無知，因此不停地前進、探索——不停地在知識世界遊蕩、永不言息的人。

　　不少人面對這樣的前景都會卻步不前。他們會問：這樣辛苦勞碌為的是甚麼？如果我們的生命沒有終極目的，我們的追尋永遠是徒然，那麼我們跟我們所輕視的其他動物——只懂得吃喝繁殖，又有甚麼分別呢？這就是那從高處摔下來快要死的那位走鋼索者的問話，察拉圖斯特拉的回答是：

　　　　你以危險為你的事業，這完全沒有值得藐視的地方。現在你因你的事業而死，為這個緣故我要親手給你埋葬。（Z, I Z's Prologue 6）

　　如果我們的目的是要獲得終極、永恆不變的人生意

義，尼采透過察拉圖斯特拉告訴我們這是永遠達不到的，因為這樣的人生意義並不存在。人生終極的意義只是一個永恆的探索。莊子說：「吾生也有涯而知也無涯，以有涯隨無涯，殆矣。」如果一定要以生命的有涯去攫奪無涯的知識，那的確只能興殆矣之嘆。可是如果生命的意義就只在「隨」，只在「探索」這個無涯，那卻是可以養生，可以盡年。生命的目的不在得而在隨；不在收穫，而在耕耘，這是《如是說》前言給讀者的啟發。

在《如是說》裏，尼采沒有一個哲學理論要傳達，只是呼喚志同道合的人結成伴侶，一同創造生命的哲學。書內容的正面積極的部分就是描述哪一種人才可以作察拉圖斯特拉的夥伴；響應察拉圖斯特拉的人要作出怎樣的準備才可以跟他一齊上路。換言之，我們讀《如是說》的時候，留心的不是尼采要告訴我們甚麼哲學理論，要留心的是尼采告訴我們在這個時代怎樣才是真正的哲學家，怎樣才是研究哲學——尤其是人生哲學、道德哲學的態度。

開宗明義，《如是說》第一卷第一節〈三層蛻變〉（On the Three Metamorphoses）便清楚展示給我們看，察拉圖斯特拉找的是怎樣的一個伴侶，以下我們詳細討論這一段，除了因為它清楚扼要地說明尼采心目中的哲學家是怎樣的人外，同時也可以讓讀者體驗《如是說》一書的詭譎：

讓我告訴你精神的三層蛻變：先怎樣變成駱

駝，然後由駱駝變成獅子，最後由獅子變成孩童。
（Z, I 1）

尼采選擇駱駝為精神第一層蛻變的象徵，因為駱駝最能代表忍辱負重、孤單奮鬥的生活。

負重是駱駝的責任。作為察拉圖斯特拉的伴侶，精神需要負荷很多艱難，必須能負重。負甚麼重呢？察拉圖斯特拉列舉了不下七八種：

> 勝利之際離開走過的，〔曾經導致得勝的〕路。
>
> 為了真理，忍受靈魂的飢渴。
>
> 在疾病中送走能給自己安慰的人，甘願和聾者——永遠聽不到你的需求的人——為友。
>
> 當知道這是真理之水的時候，肯踏進骯髒污穢的濁水。
>
> 愛藐視我們的人，向嚇怕我們的惡鬼伸出我們〔友誼〕的手。（Z, I 1）

這都是察拉圖斯特拉的伴侶、同行者所要肩負的擔子。

不單要負這些沉重的擔子。駱駝是相當高的動物，一隻成熟了的駱駝站起來，從駱駝背到地面，少說也有八九呎。如果從頭頂算起更足足有十三、四呎，所以人要把貨物放到駝背，駱駝必須先跪下。在西方的傳統，下跪是一種羞辱的表記。駱駝不單要負重，還要忍辱，忍受甚麼羞辱呢？最大的就是忍受別人對自己的智慧愚昧的嘲笑。

除了忍辱負重之外，駱駝的活動範圍是沙漠。沙漠又代表甚麼呢？

在尼采眼中，寸草不生，人跡罕見，浩浩無垠的沙漠代表孤寂。在沙漠，莫講行人，就是禽獸，也是「鳥飛不下，獸鋌亡群」，沒有多少生物可以結為伴侶的。駱駝就是肯默默的，忍辱負重走上孤單的沙漠之路。然而，在最孤寂的沙漠中，第二層蜕變發生了。駱駝變成了雄獅。他成為他自己的沙漠之王。精神像駱駝經過了忍辱負重的沙漠之旅，變得更強大，於是進入了尼采以雄獅為象徵的第二個層面。

雄獅只有一個目的：

> 他要找出他最後的主人，與他最後的神祇決戰，他要和巨龍決戰，爭取終極的勝利。
>
> 誰是這條精神再不肯稱之為主為神的巨龍呢？這巨龍的名字叫：「你要」！但雄獅的精神卻要説：「我要」。「你要」，攔着去路，遍體鱗甲金光閃爍，每片鱗甲下面金光奪目，寫着「你要」兩個大字。
>
> 千年價值在這片鱗甲上閃耀。這龍中之傑最具權威者説：「一切萬物的所有價值都照耀在我身上。所有價值從亙古便已經被創造。我就是一切被造的價值，實實在在宇宙間沒有『我要』。」巨龍如是説。

（Z, I 1）

精神為甚麼要蛻變成獅子呢？上述一段引文解釋得很清楚。經過孤寂的、沉重的、嚴肅的思索，新一代的哲人——察拉圖斯特拉的同伴，再不能接受傳統定下的規條和價值，無論這些價值有多長久的歷史。要作新的哲學家，要與察拉圖斯特拉結伴同行，他們必須有勇氣質疑、反對、排拒這些傳統的價值觀。雖然這些觀念有千年歷史為後盾，就像龍中之傑，它的威嚴與權勢叫人在它之前匍匐不能仰視。所以第二層的蛻變便是雄獅，有反抗、有屠宰「你要」這條巨龍的勇氣。

在這裏讓我們稍離正題，討論一下本書前面提到過的一個問題。在《如是說》卷一〈山邊的樹〉（On the Tree On the Mountainside），察拉圖斯特拉對一位年青人說：

> 人跟樹一樣，他越要向高處、向光明，他的根便需要更堅決地掙扎向地、向下，到黑暗之處、深邃之淵，到邪惡之鄉。[7]（Z, I 8）

為甚麼要進入邪惡呢？讓我們看《如是說》卷二的一段文字，〈自我超越〉（On Self-Overcoming）：

> 實實在在的我告訴你，不轉變的善和惡是不存在的。他們驅使自己向前，他們必須一次再一次的超越自己⋯⋯
>
> 誰要作善惡的創造者，實在地，他必須首先作一個消滅和破壞價值者。因此最高的邪惡也屬於最

高的良善——這就是創造。（Z, II 12）

要創造價值，首先必須破壞，消滅現存的價值。破壞價值便是罪惡——因為有價值的相反便是惡。有意消滅價值更是惡之大者。因此要向高、向光，一個人必須敢正視邪惡。因為在邪惡裏面，我們才會發現要肯定的，要創造的。如果需要，創造價值者，必須敢踏進這潭一般人以為骯髒的濁水——敢擁抱邪惡。

　　善惡既然不斷的演變，沒有價值是永恆不易的。忽視邪惡，也就可能忽視了將來的善。所以要向高、要向光，要與察拉圖斯特拉結伴同行的人，他們必須扎穩根，而且肯，也敢把根伸向黑暗，進入邪惡，吸取在其中將來光明善良的養分。

　　這也是雄獅所需要的。

　　不過，雄獅雖然威猛，尤其是當牠真的成為屠龍英雄之後，牠仍需要第三次——最後一次的蛻變——變為孩童。

　　為甚麼呢？因為：

　　　　創造新價值，甚至雄獅也未能做到。可是創造
　　個人創造的自由卻是在雄獅的能力之內。為個人創
　　造自由——甚至敢對責任，說一句神聖的「不」的自
　　由，創造，我的弟兄，那是雄獅所需要做的。（Z, I 1）

　　在第二個層面，我們只是消極的質疑、反對、排拒傳統的價值。殺死了「你要」這條巨龍，不錯是爭得了自由，

但是我們不能生活在價值的真空之內。察拉圖斯特拉的同伴需要忍受別人的漠視，肯孤獨的思索。他們也要有反傳統，就是傳統中最神聖的，一直被認為是人類的責任的，也敢反對的勇氣。但這仍然是不足的，這只是把我們帶到曠野流浪，這就是為甚麼精神還要再一層的蛻變了：

> 我的弟兄，請問甚麼是孩童可以做，卻連雄獅也不能做的事呢？為甚麼遊獵的獅子還要變成孩童呢？孩童是天真的，善忘的，一個新的開始，一個新的遊戲，一個自轉之輪，第一樂章，神聖的「是」。我的弟兄啊，創作的遊戲是需要神聖的「是」的。精神現在肯定自己的意志，在世界中喪失了自己的人現在可以贏取自己的世界了。（Z, I 1）

清清楚楚，孩童是新開始的象徵。

雄獅還需要變成孩童，因為除了向巨龍說不之外，精神還必須向自己說是。雄獅只是屠龍的消極力量，帶給我們創造的新自由。但卻不能創造新價值，新價值的創造有待獅子般的精神蛻變成為孩童。

不少研究尼采的學者提到精神最後的蛻變，變成孩童的時候，他們只是留心到孩童，是人生的開始。孩童代表一個新的開始，傳統的價值觀被推翻（或擱置），人類重新開始，不再聽從前人所說的「你要」，敢自我肯定自己要走的路，自己選擇的價值。這無容置疑是尼采以孩童為第三

種蛻變的象徵的原因之一。上面引文已提到孩童是「新的開始……第一樂章」。可是這並不是孩童唯一的象徵。察拉圖斯特拉除了指出孩童象徵新開始之外，他還說孩童是「天真的。善忘的……一個遊戲」，這些對孩童的描述都和開始沒有關係。但這都是為甚麼精神最後的蛻變以孩童為表徵的理由，不能掉以輕心，略而不談。[8]

創造新價值的必須有像孩童的天真。孩童是沒有要作領袖的野心。創新價值的人也不該有作教主的大志。如果他有雄心要作領導人，要眾人接受自己所創的價值觀，他便變成了另一條龍了。開始的時候也許還只是謙謙遜遜，不過這只是戰略上的謙遜。久而久之夥伴多了，他便要把夥伴變成信眾，自己變成了巨龍！

在前面的兩章，我們已經看到尼采強烈反對華格納和基督教，便是因為華格納和基督教（尤其是後者）在他眼中已經變成了龍中之龍，整個歐洲在他的「你要」呼喝之下都俯首貼耳。我們也看到尼采把耶穌基督和基督教分開。他對耶穌尊重，因為他覺得耶穌在創造新價值之餘，還能保持和孩童一樣與世無爭的天真。[9]

除了天真以外，孩童還是善忘的，而且像一場遊戲。善忘起碼有兩種後果，首先是沒有過去的包袱。我們不少時候攜帶着很多過去的包袱，過去成為我們的負累。也許因為我們有太顯赫、太光輝的歷史；或者有太坎坷、太不公平的過去，叫我們不能把過去忘記。如果我們善忘，過去

的光輝或困苦都不會成為我們的擔子。

其次善忘也叫人不能計劃將來。也許有人會有疑問，善忘是忘卻過去的事，為甚麼會和計劃將來有關係呢？其實要為將來計劃，我們必須牢記走過的每一步。因為所謂計劃便是將每一步串連起來，以達到預先設定的目標。如果善忘，忘記了過去走過的，忘記了預先設定的，忘記了怎樣把今日所作的和過去所作的連繫起來，我們就都不能計劃了。所以善忘便是把當下和過去以及將來割斷，把當下獨立起來。其實我們真正擁有的只是現在，然而現在往往被我們因為過去或將來而忽視了——一就是被過去壓得不能享受現在，一就是因為計劃將來而犧牲現在。尼采是着重現在的，在《如是說》的序言中，察拉圖斯特拉說：

> 弟兄們，我懇切的呼求你對地球保持忠誠，不要相信那些對你說未來世界的希望的人。（Z, I Z's Prologue 3）

尼采的察拉圖斯特拉十分討厭沉重。在《如是說》卷一〈閱讀和寫作〉（On Reading and Writing）他說：

> 我只相信會跳舞的神。當我見到我的惡魔，我發現他是嚴肅、深奧而肅穆的，他是地心吸力之靈，透過他一切都下墜。（Z, I 7）

小孩子的遊戲並不是不認真，並不是隨便。小孩子的

遊戲是認真得不得了的。所以他們輸了會號咷大哭，就像成人破了產一樣。然而雖然認真，小孩子的遊戲態度卻是輕鬆的，充滿欣悦的笑聲。察拉圖斯特拉希望創造者有小孩子遊戲的態度，認真卻是歡欣地、充滿笑聲地進行，不是板着面孔，好像背負全世界人類的命運，沉重得透不過氣地去創造。

精神的最後一層的蜕變是要變成小孩──一場天真的遊戲。這裏重點是放在喜樂和欣悦上面。在《如是說》卷一有一段非常美麗的文字，把這一點描述得十分動人：

> 生命是很難承擔的，但不要表現得太頹喪、傷感。我們都是要負重的動物──像公驢母驢。我們和因一滴露水便顫抖不已的玫瑰花蕾有甚麼相同之處呢？
>
> 不錯，我們愛生命，不是因為我們了解生命，而是因為我們明白愛。愛裏總有幾分癲狂，而癲狂又總帶幾分理由的。
>
> 我對生命充滿感情，〔美麗的〕彩蝶，〔七彩繽紛的〕肥皂泡，人世間一切和這些相類的似乎最懂得甚麼叫快樂。看看這些輕快的、傻兮兮的、精緻的、活潑的、飛舞着的小精靈，惹來了察拉圖斯特拉的眼淚和歌唱。（Z, I 7）

一滴朝露，花叢中飛舞的蝴蝶，陽光下七彩繽紛的肥

皂泡，生命中當下的種種喜悦欣悦，小孩子最懂得欣賞。
創造者就是需要有這種特質，而不是時時刻刻都要挑上人世
間所有苦惱，而被這些擔子壓得連最後一滴的欣悦都擠乾，
連周圍的人也因他而失掉了歡笑。這是察拉圖斯特拉要找
的伴侶。

　　當精神蛻變到孩童這一個層面以後又怎樣呢？是不是
就是止境呢？上面不是説過尼采認為知識只能在無知的基礎
上前進，如果止於孩童這個層面，尼采豈不是自我矛盾嗎？

　　精神的蛻變是止於變成像小孩一樣，但這個止也是不
止。察拉圖斯特拉希望我們的精神永遠維持小孩一樣的好
奇、快樂，和不停的創新，所以察拉圖斯特拉在卷一最後的
講話時説：

> 　　智者不單要愛他的仇敵，也必須懂得恨惡他的
> 朋友。
> 　　學生如果永遠停留於作一個學生，那他便虧待
> 了老師了，為甚麼你不願意在我的花環上摘花？
> 　　我請你們把我撇棄，找尋你們自己，只有當你
> 們不認我，我才會回到你們當中。（Z, I 22/3）

察拉圖斯特拉是希望他的同伴，永遠有小孩子的精神，不斷
創造，永不停留，永遠不讓「你要」的巨龍再出現。

註釋

1 亨利‧范‧史坦博士是後期華格納圈內的人物——甚至被圈內人視為尼采的接班人。

他於 1879 年，廿二歲時，當上了華格納兒子的補習老師。（那時尼采已經完全退出華格納圈子，甚至被圈內人視為大叛徒。）1883 年，他成為華格納圈內的重要人物，除了協助拜壘音樂節運作之外，還被委以重任成為《華格納辭典》（*Wagner-Lexikon*）的編纂人之一。華格納有生之年最後一篇出版的文章就是史坦的著作《英雄與世界》（*Helden und Welt*）用以為序的一封公開信。

這句引文表面看來是尼采刻意挖苦這位華格納圈內的年青人，事實卻不是這樣，尼采很欣賞史坦，而且和他建立了相當好的關係。

史坦在 1883 年看到尼采的《察拉圖斯特拉如是說》，便給尼采寫了一封信，希望和他見面暢談。1884 年，史坦到尼采居地拜訪尼采，雖然他承認看不懂《如是說》，但他對書內的一首詩卻背誦如流，兩人相談甚歡。分手的時候，史坦還答應尼采搬到尼斯（Nice）和他一起，可惜後來因為家庭責任，未能如願。

史坦的造訪令尼采很興奮，覺得他的想法終於可以觸碰到華格納的圈內人。他一直和史坦保持聯絡，希望說服他脫離華格納的圈子，而史坦卻希望說服尼采重返。史坦甚至邀請尼采共編《華格納辭典》。當史坦在 1887 年，僅僅三十歲便因心臟病猝爾去世，對尼采的打擊相當大，起碼他和華格納圈子的唯一友善的連繫都中斷了。接到史坦的死訊，尼采說：「我真的很愛他，他似乎是上蒼為我後期生命所預備的伴侶，他是少數幾位能給我帶來欣悅的人。」

2 Brand Blanshard, *On Philosophical Style*. New York: Greenwood Press, 1969, pp. 14-15.

3 Kathleen Higgins, "Reading Zarathustra" in Robert Solomon & Kathleen Higgins (Eds), *Reading Nietzsche*. New York: Oxford University Press, 1988, pp. 132-133.

4 Bernard Williams, "Nietzsche's Minimalist Moral Psychology" in *Making Sense of Humanity and Other Philosophical Papers 1982-1993*. Cambridge: Cambridge University Press, 1995, pp. 65-66.

5 Bernard Williams, p. 66.

6 Bernard Williams, p. 66.

7 陳鼓應把「進入邪惡」這幾個字刪掉，在深邃之下加了句號，把這句話解成尼采鼓勵有志向學、有志向上爬、爭取大成就的，必得先扎穩根基。其實這句話最重要的地方，就是「進入邪惡」這幾個字，這才

是這話的重心，也是尼采哲學獨特與眾不同的地方。本書前面已說過，不贅。在下面我們會詳細解釋為甚麼向高、向光，人必須把根伸向邪惡。

8　在〈創造者之路〉（On the Way of the Creator）和〈孩童與婚姻〉（On Child and Marriage），這兩節察拉圖斯特拉描述對創造者的要求顯而易見是重複〈三層蛻變〉一節裏面對孩童的描述。在前者他說：「你是否一種新的力量，新的權力？第一樂章？自轉之輪？你能不能驅使天上的星宿圍繞你旋轉？」（Z, I 17）在後者，他談到生孩子的時候說：「你要創造一個更高超的個體，第一樂章，自轉之輪——你要創造一個創造者。」（Z, I 20）但這兩處都沒有提到「天真」、「善忘」、「一個遊戲」，不過這只是表示孩童主要的象徵意義是新的開始。其餘的象徵，既然一度提到，應該並不是完全沒有意義，研究尼采的不可忽視不理。

9　參第五章，頁 92-94。

超人

讓我教導你們有關超人。人是必須要超越的，你們為
這件事下過甚麼工夫呢？

直到如今，有生之物都創造過超乎他們自己的事物。
你是否甘處末流，甚至寧願退化為禽獸也不要超越人
呢！（Z, I Z's Prologue 3）

《如是說》提出了尼采哲學中另一個重要的觀點：「超
人」。上文我們已經討論過這個名詞的翻譯，在此不贅。[1]
超人可以說是尼采對人的期望，也可以說是察拉圖斯特拉所
要找尋的生命上的伴侶。在本章我們要細細討論超人的意
義，讀者便會發現超人和精神三層蛻變中最後一層的孩童意
義是相同的。

察拉圖斯特拉走到森林邊緣的另一個市鎮。因
為預告有走高空鋼索的表演，市集裏早就聚滿了人。
察拉圖斯特拉對他們說：

　　讓我教導你們有關超人。人是必須要超越的，你們為這件事下過甚麼工夫呢？

　　直到如今，有生之物都創造過超乎他們自己的事物。你是否甘處末流，甚至寧願退化為禽獸也不要超越人呢！⋯⋯猿猴和人相比是甚麼呢？取笑的對象，難堪的尷尬。人和超人相比也是一樣，只是一種取笑的對象，難堪的尷尬。你們從蟲豸演化成人，其實在你們當中有不少仍是蟲豸。你們曾經是猿猴。甚至到現在，人比任何猿猴更猿猴⋯⋯

　　看哪，我教導你們有關超人，超人是地球的意義。讓你們的意志宣稱：超人要成為地球的意義⋯⋯

　　察拉圖斯特拉說完以後，人群中一個人喊說：「有關走高空鋼索的人，我們已經聽夠了，現在讓我們看看他吧！」所有人都在笑察拉圖斯特拉。可是走鋼索的人真的以為所說的話是關乎他的，開始他的表演。(Z, I Z's Prologue 3)

這是「超人」這個詞第一次在《如是說》出現，而且被察拉圖斯特拉視為他教誨的重心。尼采以前的作品雖然也有提到超人，但從未把這個觀念當成重心來討論。[2]

究竟尼采心目中的超人是怎樣的呢？

尼采在《看這個人》一書裏，已經嗟嘆「超人」這個觀念到處都被誤解：

「超人」和「現代」人、「好」人、基督徒、虛無主義者不同，指的是一種卓越的成就。在察拉圖斯特拉這位消滅道德者的口中是意義深長的一個詞。然而現在差不多處處都天真地以為超人所代表的價值，恰恰是察拉圖斯特拉所反對的——把超人看成「理想」(也就是傳統思想下的理想) 人物，一位半聖人、半天才的人。有些學院派的蠢豬，更認為我 (尼采) 在這裏引入了達爾文的進化論，超人是人在進化過程中的下一步。[3] (*EH*, III 1)

上面提到尼采說，人和超人比較，像猿猴和人比較一樣，都是取笑的對象，難堪的尷尬，這難免使人想到進化論。不過他卻屢次清清楚楚表明，就像上面提到《看這個人》那一段，超人和人不是進化的關係。不只如此，尼采似乎並不接受進化論，他說：

就我們今日所明白的意義而言，人類並沒有演變成為有更好、更強、更高表現的一類。「進步」只是一個現代的觀念，是個虛假的觀念。今日的歐洲人遠遠不如文藝復興時期的歐洲人。人類的發展完全沒有必然更高的傾向……。我們常常在不同的地方、迥異的文化中發現成功的例子：較卓越的一類人，也就是相對於人類整體而言的超人。這些幸運的例外，大成功的例子，在過去常有發生的可能，在將來也常有發生的可能。(*A*, 4)

　　根據尼采，超人並不是人類進化過程中必然發生的下一步，完全和進化論扯不上關係，不是優生學可以促進的。超人在人類的過去出現過，今日也有可能存在，將來亦有可能出現，雖然數量稀少（所以尼采說超人的存在是幸運的例外）。超人是某些個人的超卓的成就，並不是人類進化的結果。

　　這些卓越的例外有甚麼特徵呢？有甚麼表現的人，在尼采眼中才可以稱得上超人呢？

　　我看《如是說》所載那位走鋼索的人最能代表超人。他要橫越這條跨過深淵的鋼索走到另一邊，至於另一邊是甚麼他並不清楚知道。他的生命就只是走過這條鋼索。他受尊敬，並不是因他成功地走了過去，而是因為他肯冒險，肯試圖走過去。人生就是這條鋼索。超人是肯過一個不斷超越、甘冒萬難、不怕危險、肯付上生命去超越人生的人。

　　《輕快的科學》提到超人的時候把他和英雄、神祇同列，所以也難怪一般人把超人看成半聖者、半天才了。一般而言，聖者、天才、英雄所以獲得這些頭銜是因為他們對世界、對他人的影響和貢獻，但是超人之所以是超人並不是因為他對世界的影響，而是因為他對自己的超越。超人是不斷超越自己、不斷創造的人，這就是察拉圖斯特拉所要追尋的伴侶，也是精神已經蛻變成為孩童的人。

　　這個解釋是有證據的：從本章開始的引文可見，當察拉圖斯特拉在市集向群眾宣講超人的時候，市集的群眾以為

他指的是走鋼索的人，甚至走鋼索的人自己也以為指的是他。為甚麼尼采要提到這個誤會呢？我看他是有意地提醒讀者，這兩者之間：走鋼索的人和超人，確乎有相似的地方的。

我們上一章提到走鋼索的人從高空摔下來，臨終的時候聽到察拉圖斯特拉說世上根本沒有魔鬼、來世、地獄。他回應說：「如果你所說的是真確的話，我豈不是和禽獸差不了多少？只是為了今生不受鞭策，有幾口安樂飯而活？」察拉圖斯特拉卻不是這樣想，他說：「你以危險為事業，因冒險而死亡。這是完全沒有可被藐視之處，是完全值得尊敬的。」（Z, I Z's Prologue 6）這就是走鋼索者和超人相同的地方。那位垂死的人，像一般人一樣，認為人生的價值在乎它的目標，在乎不受誘惑，排除萬難，守死善道，達到最終的目的。而尼采卻認為人生的價值在尋找，在建立意義和目標。縱然未曾找到，生命便結束，但光是不畏難，肯冒險尋索這個行動就已經令生命值得尊敬了。

超人的特徵是在那個「超」字。「超」是一個行動，一個過程，超人的受尊敬就是在於這個過程。尼采曾經這樣說過他自己的著作：

> 甚麼是我們唯一可以描繪的呢？啊，都是那些在枯萎的邊緣快要失掉香氣的。啊，都是已經過去了的，已經乏力了的，帶着秋天枯黃的風暴。啊，都是那些已經飛倦了的小鳥，迷了路才可以捕捉

　　——讓我們的手捕捉到的，我們能保存的，都是那
　　些不能再活，乏力再飛——只是那些倦弱的，成熟
　　的。（*BGE*, IX 296）

對尼采而言，靜止下來的、保存下來的、永恆不變的，都一
定是已經乏力的、枯黃的、沒有生命的。超人過人之處是
在他的衝勁、活力、多采多姿。而這些只能在他的動處表
現。要把超人停在一個狀態，以那個狀態為至高至善，他
便停止了超越，這樣便立刻把超人的主要特性消滅了。就
像用硬照去表達動態，往往是不成功的。所以在他的哲學
裏面，尼采沒有辦法好好的正面描寫超人。

　　有人認為，按這個說法，超人是不斷的超越自己，
怎樣超越，朝哪個方向超越，完全沒有說及。不只沒有說
及，甚至表示是不可說的，這樣尼采超人的訓誨不是說了等
於沒有說？他「超人」的說法，固然叫人難以批評，但這並
不是因為超人之說無懈可擊，只是因為它是空洞的，沒有具
體內容的，所以沒有辦法批評而已。

　　上述的指責不是沒有道理，可是超人之說是不可能有
具體內容的。我們上一章討論過精神的三種蛻變，最後變
成孩童——新的創造。超人也像孩童一樣是新的創造。創
造是不能預訂原則的。創造者在未創造之前，都沒有訂下
要怎樣創造的原則。創造的原則，只是從創造成果之中去
抽象、昇華出來的。創造的成果是新鮮的，所以我們不能
在創造成果未出現之前預知它的質性。原則上超人既是自

我超越，不斷創新，也就很難有具體的內容和原則，供我們預先闡述了。讓我們從另一個角度去看尼采的超人說。

倫理學上（或者價值學上）有兩個基本的問題：

（1）怎樣行才對？

（2）怎樣一個人才是好人？

讓我在這裏加上從（1）和（2）衍生出來的第三個問題，好讓我們看到問題的重要性：

（3）是不是經常不行差踏錯的便是好人，抑或好人所作所為都不會錯呢？也就是說好和壞是不是在好人以外另有一個標準，好人是常作合乎標準的好事？抑或好和壞的標準是決定於好人的行為，好人的行為盡都是好的呢？

有人認為這只是搞哲學的人庸人自擾而已。這個問題其實早存於神學當中。究竟是不是神的誡命或作為，無論內容怎樣都是好的，或對的呢？抑或因為神的誡命和作為是好和對（符合好和對的標準），所以神頒佈和實施呢？上述倫理學上的兩個所謂基本問題只不過是這個神學問題世俗化了的版本，是沒有實在意義的語言或思考遊戲。

但從另一角度看，強調第一個問題抑或第二個問題，在道德教育和實踐上卻有極大和極重要的不同。如果我們以第一個問題為倫理學的主要課題，很容易便把價值的決定學理化和機械化。倫理學是要找尋幫助我們決定道德上的抉擇的方法：決定應怎樣行的原則和程式。近代西方的倫理學就是把重點放在：「怎樣行才對？」這個問題上。

例如穆爾（John Stuart Mill, 1806-1873）的功利主義（Utilitarianism），就是以「怎樣行才對」為主要的問題。他認為在可選擇的行為中，哪一個行為能為全體帶來最大的快樂，或最少的痛苦（如果可選擇的行為中，都只會帶來痛苦），便是正確的行為。康德的定然律令（Categorical Imperative）不少人也認為是回答「怎樣行才對」這個問題的：如果你可以接受的行為，其原則為放諸四海而皆準的通則，那麼，那個行為就是正確的。這裏所舉的只是兩個例子，其他西方近代的倫理學説差不多都是以解決「怎樣行才對」，也就是説以討論行為的對錯為重心的。人──行為的主人，在這些學説裏面連討論都沒有討論過。

卡夫卡（Franz Kafka, 1883-1924）曾經藉解釋基督教《舊約聖經》〈創世記〉的伊甸園故事，提出了下面的觀點：

亞當和夏娃，人類的始祖，根據《舊約聖經》在被逐出伊甸園之前既然已經吃了分別善惡樹的果子[4]，從那一刻開始就應該擁有分別善惡的能力。所以人類在道德上最大的問題並不是知識上的：不能分辨是非，而是能力上的：知道是對的不去作，知道是錯的反而樂於去作。哲學上有關道德的討論，都是知識上的探索，只不過是人類下意識地要遮掩自己這種無能，有意混淆視聽，試圖説服自己，人類的罪惡是源於無知，不能分辨善惡，而不是缺乏能力去執行早已清楚知道的善，或迴避已知的惡，企圖避免良心的不安而已。[5]

　　我們不必完全同意卡夫卡。但他的故事提醒我們，訓練一個有道德感的人，縱使不比確立一個對錯的標準更重要，起碼是同樣重要。對錯的標準是死的，要靠活人去應用和執行，是非標準的本身是不能勉強不願意遵守的人去恪守的，而只靠是非標準本身是不能培育出願意而且有能力恪守善道的人。

　　強調第二個問題——怎樣才是好人，就是在討論道德問題的時候把人放在第一位：培養有道德感，能夠作道德判斷，甚至在有需要的情況下，可以在道德的範疇中創新的人。訂立一個亙古不變、放諸四海而皆準的道德行為的準則，就這個觀點看，反而成為次要，甚至被認定為不可能。

　　其實，在近代以前，特別是希臘、羅馬時代，西方哲學的倫理學討論，並沒有忽略人。「怎樣才是個好人」往往是討論的焦點。柏拉圖《對話錄》的蘇格拉底，並沒有試圖找出或建立一套規範行為的規律，或決定行為對錯的標準。他是要栽培有道德能力的人。

　　至於中國更不用說了。《論語》清楚的說明：「人能弘道，非道弘人。」[6] 而在求學的過程中，以能「權」為最高層次。[7]「權」便是權衡、權變，人的成長最後是要懂得不受規條的束縛、限制，能夠自己權衡輕重，作合宜的決定。中國的道德教育並不是後來的陋儒所持定的教條主義，而是注重培養像孔子一樣的「聖之時者」，懂得權衡的有道德感和能力的人。

　　從表面看去有時很難肯定一個人是否有道德感。《孟子》説過，人和禽獸的分別是很微細的，庶人便保存不了這種微細的分別，只有君子才能把它保存下來。[8] 這個人禽之別是怎樣的分別呢？接下來《孟子》説，舜是由仁義行，非行仁義也。大家都會承認舜是君子，所以由仁義行就是君子所能有的，這和只是行仁義是不同的，這個不同便是孟子所言人和禽獸兩者之間「幾希」的分別了。説清楚一點，人應該由仁義行，而禽獸充其量只是懂得行仁義而已。兩者之間的不同也的確是很微細；就是在字面上，「由仁義行」和「行仁義」差別也很小。現在，讓我們看看兩者「幾希」的分別。由仁義行是明白所行的理由，以這個理由為出發點，心悦誠服去行的。行仁義只是外在的行為符合道德標準，但行的人未必明白其中道理，或者並不認同其中道理，只是因為其他外在原因，譬如：懼怕懲罰、要得獎賞等，所以如此行而已。雪崩的時候，聖班納狗英勇捨己救人的事蹟不少見於史冊。但這些聖班納狗是否真是英勇呢？真是捨己呢？牠們的行為究竟有沒有道德價值呢？這仍然是可以有商榷之處的。我們很難知道牠們到底只是行仁義，抑或由仁義行。不少人的行為，也像聖班納狗一樣，外表雖然合乎道德，但外人卻是難以分辨他們是否出於道德感的。

　　其他的範疇也有同樣的問題。一個只懂得摹仿名家的畫匠，他所摹擬的畫幾可亂真，但究竟他的藝術能力、藝術感有多少呢？在這些領域裏，最能表現真正能力、真正感受

就是創作。一位可以創出令人讚歎、叫人感動的風格的畫家，他的藝術能力、藝術感我們便再也不能懷疑了。在道德的領域中，又何嘗不然？

現在讓我們來看看上面提到的第三個問題，好壞的標準是獨立於道德上的好人之外，抑由道德上的好人決定呢？也許簡單的回答是，道德上的好人應該是有創造、釐定新道德標準的能力。如果我們只是集中尋找放諸四海皆準的道德標準，忽略了培育有訂創新標準能力的道德人，我們的道德教育是有缺陷的。

尼采超人說，就是要把價值討論的重心，從建立判斷行為對錯的教條、規則，轉回到以人，以培育有創造力的好人為重心的道德哲學，他說：

> 對於問道於人（求人指引）我是很猶豫的，因為這違反我的喜好。我寧願從疑問、從嘗試中找出要走的路。我走的每一步都是質疑、嘗試。當然，我們需要學習回答這些質疑。這是我的方法，不是好方法，也不是壞方法，是我自己的喜好，我不會為此感到羞愧，也不會把它遮掩不讓人知。「這是我的路，你的又是甚麼呢？」當別人問我當走的路是甚麼的時候，我都是這樣回答的。因為世上是沒有唯一的真道的。（Z, III 2）

因為世上沒有唯一真道，只有靠一個人的質疑和嘗試

走一條自己喜歡走，又能說服他人一起走的路。這種以人為中心的教育或討論，讀者也許覺得有點怪。因為今日我們習慣的學說都不是以人為中心——也就是說都是以辦妥一件事，找到一種行事的方法原則為中心。其實，今日很多領域，如果我們留心觀察，仍然是以人為焦點的，而且一般人都接受這種態度，覺得是理該如此的。

訓練運動員，便是以人為本位的了。以訓練籃球員為例吧，教練沒有想過要建立一套在甚麼情況下都行得通的規條，讓球員可以按着這套規條決定怎樣走位，怎樣爭取籃板球，甚麼時候應該傳球，甚麼時候應該自己射籃，甚麼時候應該叫停。在籃球這種活動裏，我們沒有像康德的定然律令或穆爾的功利原則一樣的原則，可以讓球員決定該怎樣作。更重要的是，從來沒有教練試圖找出或建立這樣的一套放諸四海而皆準的規則讓球員遵從。

這不是說籃球活動沒有可遵從的規則，只不過籃球的規則沒有康德定然律令或穆爾功利原則的地位。訓練打籃球，焦點是放在球員身上，最終目的是要訓練一群好球員，有籃球感，懂得在當下情況中應該怎樣作的球員。如果教練有一套規條，那只不過是用來訓練球員，而不是用來規範球員，不是憑是否緊緊遵從這些規矩來決定球員的對錯。籃球活動訓練的目的是培養出一群優秀的球員，優秀就是懂得在不同境況下決定怎樣作，甚至作出前所未有卻又正確的決定，而不是只曉得墨守成規的機械人。

　　除了運動員的訓練是以人為中心之外，在藝術界訓練創作的人才——無論繪畫人才也好，音樂人才也好，文學人才也好，就更是以人為中心的了。在這些藝術專業裏面，我們沒有像康德的定然律令或穆爾的功利原則一樣的原則，幫助我們決定怎樣繪畫、演奏和寫作才是正確的。不單如此，我們也從來沒有想過要找到這麼一種原則，甚至從來沒有想過可以找到這麼一種原則。

　　我說在藝術界的訓練「更」是以人為中心，為甚麼「更」呢？因為上面提到的運動員他們雖然可以創新，但卻是有指定目標的，籃球員的目標是盡量增加己方、減少對方入球的數量。在藝術界，目標當然是創造美，可是偉大的藝術家不只可以創造出更美的作品，他們甚至可以創造出不同的美的標準。一般畫匠在繪畫之前是有標準在心的，旁邊的人也有標準在心，所以我們站在一旁看人寫生，可以心裏批評他畫得好或不好。音樂亦然，聽演奏，旁邊的人可以依心內的準則批評。可是到了高的層次，那便不一樣了。無論畫家也好，音樂家也好，創作的時候，他們的作品往往同時提出了新標準。不少時候他們的創作完全乖離了以前訂下的準則，然而這種乖離不叫人覺得錯，反而叫人覺得比以前的更好、更對。換言之，他們不只創出了令我們叫好的新作品，同時，透過作品，也創造了令我們判斷這個作品為甚麼是好的新標準。

　　一般的想法是我們先有一套標準，然後按標準行事，

行事越和標準吻合便越好、越對。有這樣的想法，因為一般人都不是創作者。創作者從來沒有想過標準——到底要恪守，抑或要破壞。他們只是幹他們自己的事。偉大的音樂家，坐下作曲，只是要把心裏面聽到的、感受到的音樂寫出來。偉大的藝術家不是先說我不喜歡舊標準，讓我先指出舊的不足，創出一套更好、更完備的標準，然後按這套新方法創出新作品。他們只是創作。在創作過程中，舊標準破壞了，新標準出來了，一般人被說服了。在藝術的範疇中這是司空見慣的現象。我們認識到倫理學和美學相似——都是討論價值問題。可是很少人肯——或者敢——把有關美學創作的觀點移到倫理學上。尼采是近世的第一人。

在藝術的範疇中：一切活動的高峰是創作——不是摹擬，不是恪守規條。雖然訓練的開端可能是摹擬，是恪守規條，但這決不是目的。也許因為這些訓練都是以摹擬開始，也要求學生恪守原則，和其他範疇的訓練，原則相似，所以不少人看不到訓練的不同目的。

馴獸師訓練野獸——獅子或老虎跳過熊熊火燄的火圈；灰熊走過架在半空的繩索，表面看來和救火員、兵士的訓練一樣。救火員也要學習衝開燃燒的房門救人，兵士也要學習背負沉重的器械，走過窄窄的懸空獨木橋。不過訓練看似相同，鵠的卻是大異其趣。前者是以行為作中心，只要獅子老虎在馴獸者的一聲令下，縱身跳過火環；只要灰熊從架在半空的繩索的一端走到另一端，那便贏得馴獸師

的獎賞以及觀眾熱烈的掌聲和叫好了。但救火員呢？兵士呢？

　　救火員和兵士的訓練並不止於動作，雖然我們同樣希望他能純熟無誤地做到要求他們做的動作。可是對他們，我們還有更進一步的要求，那才是訓練的最終目的。那就是透過訓練他們做這些動作，我們希望培養他們的性格──不怕火、勇敢、機智，認識在甚麼情況下該做甚麼，該避免甚麼，能當機立斷，臨危不亂，做得比以前更好。勇敢、機智、果斷不是動作，而是性格。人的訓練是透過一串要求他們做的動作，培育出一種特別的性格。

　　可是，當我們走進倫理學的範疇，我們便馬上小心謹慎起來，似乎都把人看成了禽獸，把道德的訓練和馴獸等同。我們找尋規則，而且是找尋放諸四海、置之今古都可以為準的規則。甚至認為如果我們找到的標準，將來還有可以變化的餘地，不敢肯定它超越時空的準確性，那麼這個標準便一定不是要找尋的道德標準。在道德領域中，我們要求絕對，如果有任何個人創作的空間，那只是因為知得不透徹，未能找到那絕對的標準才存在的。

　　尼采肯定認為在道德的範疇，孕育一個道德規律的創造者，遠比找到一個超時空的道德準則更為重要。我這樣說其實也不對，因為尼采根本不相信有超時空的絕對道德標準，所以要找到一個這樣的標準是不可能的。在走鋼索的人開始表演之前，察拉圖斯特拉說：

> 人是一條繩索，懸在獸與超人之間——一條架在深淵之上的繩索。一個危險的橫渡，危險的進程，危險的後顧，危險的戰慄和停頓。

> 人偉大的地方在於他是橋樑而不是終點：人值得愛憐是因為他是序曲同時也是湮沒。我愛那些除了湮沒之外便不懂得怎樣生活的人，因為他們已經到達彼岸了。（Z, I Z's Prologue 4）

超人便是這種人，他的生命便是這個橫渡，不後顧，不停頓。每跨前一步便是上一步的湮沒。

> 人是創造者和被造之物的結合：在人的裏面有物質，斷片，贅疣，泥土，塵垢，荒謬，渾沌；然而在人的裏面同時有創造者，形體的賦予者，鐵鏈的堅強，觀察者的神性，第七天，你可明白這個對比？（BGE, VII 225）

尼采的超人便是要突顯人創造者的部分，不止超越外在種種，也超越了本身所有被造之物的種種，鎔鑄成有意義的整體。然而，要鎔鑄這樣一個有意義的整體是沒有預設的模式和準則的。超人連這個模式也必須自己創建。那些鎔鑄而成的整體也只是有剎那的存在，便又變得枯黃、疲弱、乏力，必須再被鎔鑄了。這條橫架深淵之上的繩索是沒有彼岸的。彼岸就只是不斷更新、湮沒、更新。

註釋

1　本書的開始已經討論過把 " Übermenschen " 譯為「超人」的利弊，於此不贅。有興趣的讀者可以翻看本書第 11 頁。

2　在《如是說》之前有「超人」一詞出現的篇章，以《輕快的科學》第 143 段比較重要。在那裏尼采反對一神論，認為「相信只有一位神，也就叫我們相信只有一種人的模式，每一民族都認為自己擁有這個終極模式。可是在我們之上和之外，有些遙遠又比我們超越的世界，是容許持有不同的模式的，相信一位神不表示否定另一位或者褻瀆了另一位神。在那裏第一次容許個人有寬餘，第一次尊重個人的權利。在那些世界，人可以製造各種各類神祇、英雄、超人，或者近人（Nebenmenschen）和未及人（Untermenschen）。」這是人肯定自我，個人主權的基本行為。（*GS*, III 143）尼采在這裏是把超人和神祇、英雄同列，但是仍然未曾把超人當成他理論的中心觀念。

3　學院派的「蠢豬」德文原文是 " Hornvieh "，意思是有角的畜牲。考夫曼英譯為牛，但牛或有角的畜牲在中文都沒有愚蠢之意，而在這裏明顯地是用來罵人笨，為了符合原意以及中文習慣，所以把 " Hornvieh " 譯成豬。指牛為豬情非得已，尚祈讀者原宥。

4　《舊約聖經》〈創世記〉三章 6 節。

5　Franz Kafka, *Parables and Paradoxes*, Chapter II Paradise. New York: Schocken Books, 1961, pp. 31 & 33.

6　《論語‧衛靈公》。

7　《論語‧子罕》：「可與共學，未可與適道；可與適道，未可與立；可與立，未可與權。」清楚地把權放在求學路途上最高的層次。

8　《孟子‧離婁下》：「人之所以異於禽獸者幾希，庶民去之，君子存之。」

九

永恆的回轉

要作個偉大的人，我的方程式是：愛你的命運，不要求任何的改變，無論在前，在後，永永遠遠。（*EH*, II 10）

　　本章我們要討論尼采哲學中另一個重要的理論：「永恆的回轉」。

　　先讓我簡單地介紹這個理論。尼采認為：宇宙間的事物無論數目多大，始終是有限的。它們的組合也必然是有限的。然而時間是無限的。有限的事物，有限的組合在無窮無盡的時間中，任何一種組合都會反覆出現。我們現在的生命和其中所有的遭遇都不過是事物的一種特別組合，在無垠的時間洪流中，這種特別組合也必會絲毫無改地一次又一次的重現。就如尼采這個人和他一切的經歷，以前一定已經出現過無數次，以後也必定會不斷的繼續重複地出現。

　　這個稱為「永恆的回轉」的理論，在研究尼采的學者中，惹起了廣泛和熱烈的討論。有學者把它當成尼采的宇

宙論——也就是説尼采接受這個理論為事實，有科學根
據，是真實的命題。[1]

這些學者引用尼采在 1881 年所寫的一段話為證：

> 「宇宙間」能量的總和是有限的，不是無限的
> ……。因此，能量的情況（Lagen），組合，轉變，變
> 形的數目，雖然實際上是無法衡量的巨大，但仍然是
> 有限的，而不是無限的，可是這些能量卻是在無窮
> 無盡的時間裏運作……。在此刻以先已經有無限的
> 時間消逝，這就説明了一切可能的狀態都已經發生過
> 了，現存的狀態只是過去發生過的狀態的重複而已
> ……。[2]

他們認為尼采在這裏煞有介事的為「永恆的回轉」提出
科學的論據。可見他是認真地把「永恆的回轉」看成宇宙的
真相。

可是作為科學命題，「永恆的回轉」是不能成立的。這
個理論不能成立的原因，施姆爾（Georg Simmel, 1858-1918）
已經提出了有力而不能推翻的證據：

> 三個一樣大小同軸的輪子，在它的周邊記取一
> 定點，把這三點對準排成一直線。一個輪子以 N 速
> 度運轉，另外兩個輪子分別以 2N 和 N/π 的速度運
> 轉，無論運轉多久，直到永永遠遠，這三點都再不會
> 在同一直線上出現。

施姆爾介紹完上述的實驗後作出下面的結論：

> 世界上如果有三種運動，〔其間的關係〕和這三個輪子的運動相同，那麼它們之間在開始時的組合將永遠不會重複出現。所以因素有限並不保證，在無窮盡的時間裏運作，同樣的處境定必會一再反覆出現。[3]

施姆爾這個論據，在不少討論「永恆的回轉」的文章中都被徵引過。這個論據清楚地證明了有限的因素，在無限的時間中運動，不一定就可以得出任何組合都必定會不斷反覆出現的結論。把「永恆的回轉」看成科學命題，或有關宇宙的一個真理，因此是站不住腳的。

施姆爾這個反駁尼采的論證，我看最重要的不在他指出，有限的素材在無限的時間裏運作，並不能得出任何組合都會不斷重現的結論；最有啟發性的是，他這個論證無意間展示了「永恆的回轉」這個理論的一個前設：宇宙的運行是沒有秩序、沒有規律的，亦不能冠以規律，使它有秩序。因為只有在這樣的一個沒有秩序的宇宙，一切都只是隨意或偶然地發生，尼采這個「永恆的回轉」的理論才成立。施姆爾的三個輪子，分別以 N，2N 和 N/π 的速度運轉，是守規律的、有秩序的，所以在這個小天地裏，並不是所有組合都會不停重現，有些組合可以用數學證明，永遠不會重現。

其實，我們不必用施姆爾的論證。如果事物的運作

是有理性的、有規律的、受控制的,有些狀況雖然可以發生,但卻是不會出現的。以中國象棋為例,在開局的時候,十六枚棋子,每一枚都是可以移動的。但如果懂得下象棋,開局的時候絕對沒有人會把「將」或「帥」推前一步;也沒有人會把「炮」推前或推後一步的。只有在不講理性、隨機(random)運作中,這些開局法才會和「中宮炮」、「仙人指路」等以同樣的或然率出現。固然,尼采並不相信宇宙和其中的事物,特別是我們個別的生命,是有秩序、有規律的。因為賦予宇宙秩序、為世界訂下規律的神,尼采認為已經死亡。可是神的死亡只是指前設的規律和秩序不再存在,並不是說在我們的生命中,我們自己不可能冠之以秩序,不可能設定規律,一切都只能隨機,一切都只能像擲骰子一般,只能符合或然率。正因為尼采不相信有任何前設的價值,所以他強調我們可以自訂規則、自選價值。透過自訂的規則和自選的價值來操縱自己的生命,創造自己的未來。這一點是了解尼采「永恆的回轉」的主要鑰匙,在下文我們會詳細討論。現在讓我們先看看尼采怎樣介紹「永恆的回轉」這個理論。

「永恆的回轉」這個觀念是在尼采《輕快的科學》中第一次出現:

> 你會怎樣反應呢?假如某一天或某一夜,一個惡魔偷進你最孤寂的孤寂中,對你說:「你現在所過的,和你以前所過的生活,你要再多活一次,以至無

數次。裏面沒有絲毫更新。每一種痛苦、喜悅，每一個思想、嘆息，在你生命中所有事情，甚至這隻蜘蛛，樹間這一線月色，這一時刻和我「這個惡魔」，不論小或大都會以同樣的先後次序再次來到你的生命當中。生存裏面永恆的沙漏一次又一次的反轉過來，而你就像其中的一顆微塵。

　　你會匍匐於地，咬牙切齒的咒詛向你說這番話的惡魔？抑或你會感受到生命中最偉大的時刻，回答說：「你是上帝，我從未曾聽聞過比這番話更神聖的話了。」假如你讓這個思想佔有你，它會改變你或者把你砸碎。「你可願意再來一次？以至無數次？」這個問題在每一件事，和所有的事上，將會成為你行動最沉重的負荷。你要怎樣好好的裝備和改變自己的生命去熱切地，比對任何事物更熱切地，追求這個最終的，永恆的印證和肯定呢？（GS, IV 341）

這段話值得注意的有下面兩點：

（一）尼采在這裏強調的並不是「永恆的回轉」是個科學真理，或它的真確是否經得起科學的驗證。[4] 他強調的是我們聽到這個理論後的反應。這個反應才是整個討論的中心：倘若我們接受「永恆的回轉」，信以為真，我們會被這個消息摧毀、壓碎，視之為魔咒；抑或喜出望外，興奮莫名，欣然接受呢？當然，這裏還隱含着另外一個更重要的問題：「如果『永恆的回轉』是真確的話，為甚麼有些人會害怕

被砸碎，覺得它沉重得不能忍受呢？」

尼采明顯地希望用這個理論刺激我們去思想。從我們可能的反應去反省究竟我們怎樣看待生命。就如有時候我們不清楚我們是否愛另一個人，有人會建議問問自己：「假如以後你永遠不會再見到他（或者會永遠和他在一起），你會感到高興、幸福抑或痛苦、憂愁？」這是一種思想遊戲，幫助我們更了解我們對某事物的看法，到底事情是否真箇會這樣發生並不是最重要。不過，未必每一個人都懂得怎樣玩這個遊戲（很多人必須面對事實才肯認真的去想，面對假設的情境，他們不會認真），就如未必每個丈夫都會認真考慮：「假如我失去了我的妻子，我會怎樣？」等到妻子真的提出了離婚，或患上了重病，情況再不是「假如」，他們才會感到問題的迫切，才肯認真地去想。

尼采所以不斷試圖去證實「永恆的回轉」的可能，甚至百分之一百不能避免，只不過是希望讀者感到問題的迫切性，肯認真的去想一想，對問題有一個認真的反應。究竟「永恆的回轉」是不是事實，並不是上述一段引文的核心，讀者千萬不要反客為主，或者因噎廢食。

（二）惡魔所說的是：「你現在的境況和以前的經歷都會重複出現，不止一次，而是一而再，再而三，無數次不斷的重現」，有不少人以為惡魔這裏所說的和哲學上的定命論（Determinism）大同小異，都是說人的遭遇由不得人自己決定。無論怎樣努力，要遭遇的無論順逆，都會不由控

制地不斷重複出現。如果惡魔所說的真的是「定命論」，那的確是叫人沮喪的。因為根據定命論，無論我們怎樣做，都不能改變結果。如果我命定是失敗，無論怎樣努力都是徒然，改變不了我失敗的命運；倘使我注定成功，就是自己完全放棄，一根指頭不動，成果也會從天而降，墜落懷中。到底「永恆的回轉」是不是等同於定命論？我認為不是。只要我們留心細讀，惡魔這番話從未說過我們的將來已被決定，我們不能選擇，也不能創造將來。

　　哲學上的定命論和尼采的理論是有不能調協的衝突，如果把惡魔所說的永恆的回轉解釋為定命論，便會為詮釋尼采的哲學帶來難以克服的困難。就如本書第五章提到的奴隸道德，尼采認為這是不健康的，把人帶上克己之路。奴隸道德所表揚的：同情、憐憫、柔順都是源於忌恨，都是怯弱的，所以我們必須抗拒奴隸道德。假如定命論是生命的真相，那麼一個人接受奴隸道德與否，是已經命定的，由不得我作主。尼采所說的也就是枉然了。

　　又如精神的三層蛻變。到底我們能不能從駱駝蛻變為雄獅，再由雄獅躍進為新生的嬰孩，也是由不得我決定，而是生下來之際，已經命定的，察拉圖斯特拉這個美麗的寓言也便毫無意義了。尼采既然反對奴隸道德，提出精神的三層蛻變，他應該不接受定命論，但他接受永恆回轉，可見在他心中，這兩個理論並不一樣。

　　如果上面的證據還嫌不足，就是《輕快的科學》所提出

「永恆的回轉」這個故事，也和定命論不能互存。尼采在故事中問：面對惡魔提到的「永恆的回轉」，「你會匍匐於地，咬牙切齒的咒詛……惡魔？抑或……回答說：『你是上帝，我從未曾聽聞過比這番話更神聖的話了。』」如果「永恆的回轉」和定命論相同，是一而二、二而一的理論，那我們還有甚麼選擇的餘地？面對惡魔這番話，我們的反應是匍匐於地，詛咒生命的沉重與無奈，抑或雀躍歡欣，如釋重負，頌讚前路的光明，按定命論是已經預定了的，由不得任何人作主。尼采一面認定「永恆的回轉」是有科學根據、千真萬確的事實，但一面又相信我們可以在上述兩種反應中選擇一種，而且強烈的表示（明示也好，暗示也好，尼采的意思都表示得很清楚，無容置疑的），我們應該訓練自己以後一種反應──雀躍歡欣──去面對「永恆的回轉」，他肯定沒有把定命論和永恆的回轉視為同一無異的理論。

讓我在這裏再重複地指出：在《輕快的科學》的引文中，惡魔並沒有說過：「你的未來也由不得你決定，將來是怎樣的並不在你的操控之內。」惡魔提到的只是過去，我們經過的，必會重複出現，我們必須準備一次，再次，無數次的面對同一的過去，可是惡魔完全沒有提及將來。

如果「永恆的回轉」並非等同於定命論，只是說我們的過去不能改變，而且會不斷重複，那麼為甚麼有人會怕得匍匐於地呢？很簡單，因為我們相信過去對我們的將來有極大的影響，過去是我們發展將來的基礎。所以，有時我們會

口出怨言:「要是我出生在不同的時代、不同的國家、不同的家庭,受到不同的教育,遇到不同的老師、朋友,有着不同的遭遇,那我現在可就不同了。」過去,往往成了我們生命中一切挫敗、一切不如意的藉口。一切的不滿和失敗都諉過於以往。

但惡魔掣出了「永恆的回轉」,告訴我們:「過去的一切,會一次,再次,無數次的重現。」過去是擺脫不了的。諉過於過去是徒勞無功的。我們必須面對這個由不得我決定的過去。不止一次,而是要無數次的面對絲毫不改的過去。

人不時埋怨:「叫我們創造,要我們自力更新?可是我們被前設的條件——也就是我們的過去所限制、束縛、操控。除非給我們另一套新條件,更改我們的過去,否則我們又怎能創造!」考夫曼在他所翻譯的《輕快的科學》的譯者序引了尼采的一段話:

> 當他(尼采)在寫《察拉圖斯特拉如是說》的時候,感到頹喪、絕望的一刻,他寫下了下面的一則札記:「我不想再次要生命了,我怎可以忍受它呢?創作!甚麼力量叫我敢面對它呢?看到超人肯定生命的異象。我自己也曾嘗試肯定過它——嗚呼!」

考夫曼對這段引文的解釋是:

> 假如相同的事情,不斷地、永恆地回轉,真的

是最合科學的假設，我們仍然可能覺得不能快樂地接受這個事實，而又同時過一個有創作的生命。如果出現這個情況，我們可以接受超人這個觀念。把超人看為會欣然接受永恆回轉的一類。[5]

從這個解釋看，考夫曼似乎同意，要是「永恆的回轉」是真確的話，人的生命便不可能有創作。雖然如此，我們仍然可以像超人一樣，面對沒有創作性的生命，卻又快樂的活下去。

我不同意考夫曼的解釋，超人絕對不會快樂地接受一個不能創造的生命。尼采那段話是說，面對「永恆的回轉」，我們不必憂愁喪膽。我們應該學超人。超人可以忍受，甚至欣然接受永恆的回轉。他們之所以能夠這樣做是全靠創作。接受「永恆的回轉」並不是否定了創作的可能。相反，超人是靠創作去面對永恆的回轉。因為他們可以創作，所以他們可以面對「永恆的回轉」，甚至歡欣雀躍的面對。

如果我的解釋是對的話，札記中最後的「嗚呼」又是甚麼意思呢？是不是表示，到了最後，尼采還是覺得就是超人，在「永恆的回轉」面前，也還是束手無策，忍受不了這個沉重的負荷呢？

「嗚呼」當然是一個失敗的嘆息。不過這個失敗只是尼采個人嘗試學超人一樣面對生命的失敗，是尼采個人剎那間的失敗，不是像超人一樣以創作面對永恆的回轉這個方法的失敗。就是把「嗚呼」解作尼采個人失敗的哀號，也不代表

尼采的失敗是尼采生命最後的定論，他再不能從失敗中走出來。這只是那剎那間的似乎絕望而已。這段札記清楚表示尼采認為生命之可以忍受是因為人可以創作。面對永恆的回轉所帶來的沉重壓力，唯一可以克勝的力量是創作。但是知易行難，所以在飽受困擾的剎那，他不由得發出了「嗚呼」之嘆。寫完這則札記，尼采還繼續完成了《如是說》，還有寫給其他讀者看──公開發表的書。在這些公開的創作中我們看不到這個「嗚呼」的哀號，我們也感受不到這個「嗚呼」的絕望。這則札記裏面的「嗚呼」只是一個例外，只是尼采私下發洩當下一刻的感受。尼采一生不斷的創作，像他筆底下的超人一樣，以創作去克服「永恆的回轉」。

為甚麼創造可以給予我們面對永恆的回轉的力量呢？

一般而言，我們認為前設越多，我們能創造的空間越少。其實這並不一定對。前設往往只是我們創造的素材。除了基督教上帝的創造以外，人類的創造並不是從無變有，往往只是把素材重新組合，重新演繹，冠以新的意義而已。

舉一個例，一個演員不能隨意改變劇本。被聘在舞台上扮演羅密歐，演員不能堅持劇終的時候他和朱麗葉必須共諧連理。他之死，朱麗葉之死，是已經在劇本中注定了的，無論他怎樣努力都不能改變他在劇中的命運。不只如此，劇中每一情節，每一對話都已被莎士比亞（William Shakespeare, 1546-1616）所限定，不能有絲毫更改。然而我們仍然相信演員有自由，可以創作，演員不會被劇本束縛。

劇本並不是限制演員創作力的枷鎖，反倒是讓他展露才華的工具、素材。從來沒有演員投訴劇本規限了他的自由。從來沒有演員因為不能改變劇本，而匍匐於地，詛咒自己的無奈與無助。再另舉一例，一具鋼琴只有八十八個琴鍵，一個鋼琴家只有十個指頭，能奏出的樂音有限，但鋼琴家從來不會把一具鋼琴和他的十個指頭視為束縛他才情的敵人，反倒把它們視為發揮他技巧的必要工具。

在一個莎劇演員而言，每一齣莎士比亞的名劇都是一個「永恆的回轉」。他來來去去就是演這些劇作——同樣不變的情節，同樣不變的對白。在一個演奏貝多芬（Ludwig van Beethoven, 1770-1827）鋼琴音樂的專家而言，每一首奏鳴曲也是「永恆的回轉」，同樣的音符、節奏。可是他們永遠不會覺得沉悶，受壓受制。因為他們知道他們的創作力可以幫助他凌駕這些作品，在這種種的不變當中，賦予作品新意義，表現他自己的才華。

尼采的惡魔只是對我們說：「日光底下無新事。」但這是不是就必然令生活變成虛空的虛空呢？這便是《輕快的科學》中有關永恆的回轉這個故事的核心了。如果我們是有自信，有創作力的，面對這些不斷重複的舊事，我們不會氣餒，不會怨恨，我們覺得又是我表演的機會了。

尼采很清楚表示從另一個角度看，過去是可以改變的：

> 意志是一位創造者，所有過去都只是一個片段，一個謎，討人厭的意外——直待得我們的創造

　　意志對它（過去）說：「但這是我的意願，這是我意願
　要成功的。」（Z, II 20）

另一處尼采就說得更清楚了：

　　我教導他們怎樣當一位創造者，解謎者，拯救
　意外者，怎樣為將來工作，怎樣以創作拯救曾經發生
　過的。（Z, III 12/3）

顯而易見，尼采認為透過我們創造的意志，我們可以改造過
去。這是一個驚人的議論，過去了的情事又怎樣可以改變
呢？

　　究竟甚麼是過去呢？過去的事實我們的確不能改變，
然而過去的意義卻是可以變更的。過去是透過它的意義才
和現在發生關係，才能影響將來。沒有意義的過去就如未
發生過的事情一樣。試想每分每秒我們的周遭都有不少的
事情發生，但這些事情如果對我們毫無意義，那就和未有發
生過的事情一樣，毫無分別，也不能算是我們的過去。

　　一般人都認為過去決定將來，而過去了的不能更改，
過去的可怕就在此。可是有創作力的人卻曉得現在可以改
變過去。一個人早歲喪失父母，生活坎坷，這是不能改
的。可是他奮發圖強，終成大器，父母早喪成為他努力成
功的催化劑，而不是路障。一個人少年得志，以至自滿自
大，最後身敗名裂，他過去的暢順，為他將來的失敗撒下了
種子，而非奠下順暢成功的基石。究竟不能改變過去的情

事，會怎樣影響我們的生命呢？那卻是人自己可以決定，可以改變的。人的生命並不是過去做成的，人的生命是基於他對過去意義的選擇而塑造的。說過去決定現在和將來，倒不如說現在創造了過去——為過去賦上意義。

這便是尼采所謂拯救過去了。[6]

經過上述的討論，尼采的「永恆的回轉」意義應該很明確了。一般認為，人的自由最受威脅，是因我們有一個過去。我們相信因果，過去是現在的因。因果的定律是牢不可破的，我們既然不能改變過去，我們也就控制不了我們的現在，也改變不了我們的將來。尼采要打破這個看法，指出過去必須透過它在我們現今心態中的意義來影響我們。沒有意義的過去，就如未發生過的事情，是沒有絲毫影響力的，而過去的意義是現在的我所賦予的。因此掌握現在，我們可以改變過去，創造未來。超人就是深深懂得改變及革新過去，所以他們並不懼怕過去。

人類面對今生的醜惡和愚昧，往往寄望於來世：另一個天堂，西方極樂世界。今生在他們的心目中都變得虛幻，反而來生才是實在。尼采認為這是自欺欺人的宗教最可怕之處。宗教要我們寄望於這個不真實的未來，而美其名曰：希望。尼采要我們「對地球保持忠誠⋯⋯。不要相信那些對你說未來世界的希望的人。」（Z, I Z's Prologue 3）如果我們敢於面對永恆的回轉，也就是表明了我們掌握了超人的要素，認識這個世界是唯一的世界，就是我們有來生的

話，也只是這個世界永恆的回轉而已。只要明白我們可以創造，便可以欣然接受永恆的回轉——魔鬼給人類最大的挑戰了。

雖然今日的一切將會不停的回轉，但並不是定命論——無論我們怎樣行，結果仍然會不變。不停回轉的只是過去，我們每一刻都有自由去運用我們的創作意志去改變這些永恆回轉的意義。每一次演出的《王子復仇記》(*Hamlet*)都可以是新鮮的經驗；每一次彈奏《月光曲》(*Moonlight Sonata*)都是一個簇新的體會，雖然劇本不變，曲譜依舊，在這些不變和依舊裏，對有創作力的人卻是常新的。

註譯

1　譬如丹徒（Arthur Danto）就持有這個看法，蘇爾（Ivan Soll）也是一樣，他們的意見分別刊行：Arthur Danto, "The Eternal Recurrence", pp. 316-321. And Ivan Soll, "Reflections on Recurrence: A Re-examination of Nietzsche's Doctrine, Die Ewige Wiederkehr des Gleichen", pp. 322-342. In Robert Solomon, *Nietzsche: A Collection of Critical Essays*. New York: Anchor Books, 1973.

2　XII, 51.

3　Simmel 的實驗和結論見 *Schopenhauer und Nietzsche: Ein Vortragszyklus.* Leipzig: Duncker & Humblot, 1907, pp. 250-51. 轉載 Ivan Soll, "Reflections on Recurrence", in Robert Solomon, *Nietzsche: A Collection of Critical Essays*, pp. 327-328.

4　雖然熟悉尼采的讀者會指出，在其他地方就如本章開端所引，尼采似乎把「永恆的回轉」看成科學命題，它的真確是可以證明的。但起碼在這裏尼采並沒有這個意見。對他而言「永恆的回轉」的重要性並不在於科學上真確與否。

5　*GS*. Translator's Introduction, Section 5 The Eternal Recurrence, p. 19.

6　拯救是英文 " Redeem " 的中譯。" To redeem " 很難翻譯成中文，基督把我們從罪中拯救出來，「拯救」一詞是 " To redeem "，但我們在報紙剪下一則購物券，只要在某公司購物超過二百元，憑券可獲退款十元，當我們「運用」這個購物券取回十元，在英文也是 " To redeem "。尼采在這裏用拯救一詞就是指出過去發生不少事情不是意料當中，不是我們預先安排，但我們當下怎樣運用它，就把它變成在我們生活中有意義的環節了，而這個「意義」是我們透過「運用」加上去的。

權力意志

這個世界便是「權力意志」──除此再非別的，而你自己也是這個「權力意志」，此外也再非別的。（*WP, 1067*）

《權力意志》是尼采最後一本著作的名字[1]，同時也是他哲學思想中的一個概念，無論指的是書，抑或是哲學概念，「權力意志」都引起很大的爭議。

先說《權力意志》這本書。這本書的內容雖然全部都是出於尼采之手，但我們也可以說這並不是他寫的書。

尼采計劃寫一本題名為《權力意志》的書，甚至一度為這本書起了一個副題：「對所有價值再評估的一個嘗試」，可是他有生之年並未完成這本著作。

1901 年，尼采逝世後一年，尼采的妹妹伊利沙白在其他人的協助下，把尼采遺下的 483 則札記，綴合成書，也就是《權力意志》的第一版。[2]

三年後 1904 年，伊利沙白在她編的《尼采全集》裏為

第一版的《權力意志》多加了二百多頁尼采的札記。在 1906
年的《尼采全集》中，《權力意志》又再有另一新版本：新舊
混雜一共有 1067 則札記，按照尼采遺下有關《權力意志》一
書最簡單的大綱分成四部分。[3]（在此要強調的是尼采的大綱
只訂下了《權力意志》一書分成四部分，和每部分的分題。
那些條目屬於哪一部分全是伊利沙白和後來編輯的意見。）
這個版本也就是今日比較流行的版本。考夫曼的譯本，也
是英譯《權力意志》最流行的版本，便是根據這個版本譯成
的。

　　究竟《權力意志》能不能算是尼采的一本有系統的著作
呢？抑或只是一本尼采遺下的沒有結構的筆記的結集呢？鮑
樂兒（Alfred Bäumler），這位納粹時代柏林大學的哲學教授
對《權力意志》推崇備至：「《權力意志》是尼采哲學的最重
要作品，他思想裏面所有的結論都集中在這本書之內……
雖然作者是一貫反對建立系統的人，我們卻不能因此便不敢
把這本書視為一種『哲學』系統。」[4]然而另一位尼采專家舒
略達（Karl Schlechta, 1904-1985）卻有不同的意見：「《權力
意志》了無新意……」[5]

　　考夫曼認為：

　　　　尼采在 1888 年放棄了寫《權力意志》的計劃
　　……。〔雖然〕他有意把其中的一些章則〔用在他將來
　　的著作裏面〕，但顯而易見，〔屆時〕他會把這些思想
　　模造成條理一貫的整體。

　　　　把《權力意志》當成尼采最後一本有系統的書出
版，令他的書和他的札記之間的分別模糊了。叫人
產生一個錯誤印象，就是他的書裏面的章則和那些零
散無章的札記同出一轍。[6]

從這段話可見考夫曼把《權力意志》的章則視為雜亂無章。

　　對《權力意志》一書的看法，我是比較同意考夫曼的觀
點。不過雖然書內的章則沒有系統，甚至彼此之間有不能
調和的矛盾，然而當中不乏饒有新意的片段，可以刺激我們
的思想，幫助我們明白尼采思路的方向。在 1885 年秋天，
尼采為尚未開始成形的《權力意志》寫了一篇前言，開始一
段：「這是一本不為別的，只為思想，不屬於任何人，只屬
於以思想為怡悅者的書。」[7] 今日我們讀到的並不是尼采計
劃中的《權力意志》，然而它仍然可以刺激我們的思想，啟
發我們對尼采的了解。

　　現在讓我們探討「權力意志」這個觀念。它的爭議並沒
有《權力意志》這本書那麼大。一般學者都承認權力意志是
尼采哲學的一個重要觀念，出現得很晚（在《察拉圖斯特拉
如是說》才第一次出現）。他大概想在《權力意志》這本書裏
面，把這個觀念闡明得更清楚，可是他沒有寫成《權力意志》
這本書，所以這個觀念也就未曾得到詳細有系統的討論。

　　也許有人會懷疑，尼采放棄了寫《權力意志》這本書，
是不是意味着他放棄了這個觀念呢？我看答案是否定的。
他放棄了原初的計劃，寫一本名為《權力意志：對所有價值

再評估的一個嘗試》的書，可是他準備另寫一套——以《敵
基督》為第一本，一連四本「對所有價值再評估」的一套
書。[8] 所以他並沒有放棄寫《權力意志》這個觀念，只是覺
得以一本書去闡釋不夠詳盡，需要一套四本才能解說得透
徹。他放棄寫《權力意志》這本書，如果有甚麼啟示，應該
是他把權力意志這個觀念看得越來越重要而不是把這個觀念
揚棄。

　　要明白「權力意志」這個觀念，首先讓我們了解「意志」
一詞，在尼采而言是甚麼意思。

　　叔本華的哲學名著《意志和表象的世界》（*Die Welt als
Wille und Vorstellung*），開宗名義第一句：「世界是我的表
象」。這個看法是十八和十九世紀德國主流的哲學思想，一
脈相承源自康德。叔本華往後這樣解釋：

> 　　再沒有真理〔比下面所提出的〕更肯定，更獨
> 立，更不需證明。那就是整個世界的客觀存在只是
> 它與主觀者之間的關係，是認知者的認知。總而言
> 之是表象而已。[9]

然而叔本華提醒讀者這個看法仍然未夠深入：

> 　　只有透過更深入的探究，更艱深的抽象思維，
> 把相異的分開，相同的合併，才會把我們帶到真相的
> 面前。這個真相如果還未使所有人驚怖，也是深邃
> 的、嚴肅的。這真相就是每個人都可以說，而且必

　　須如此説：世界是我的意志。[10]

如果用文藝一點的話來說，就是王國維（觀堂先生對叔本華有相當深刻的認識，而且服膺叔本華的學說）所謂：「早知世界由心做，無奈悲歡觸緒來」，這個世界是由我們的心所做的。

　　尼采對叔本華的哲學非常熟悉，本書前面已經提及過。叔本華是他早年的偶像，尼采對意志的認識是受叔本華影響的。也就是說：尼采認為世界的真相是觀者創造出來的。構成世界的素材，是透過觀者的意志剪裁，有些素材棄而不用，有些被冠以意義，再和其他的結連成為一個可以被認知、被了解的世界。

　　讓我用尼采的一段話去解釋吧：

　　　　實證主義（Positivism），他們只停在現象界，說：「只有事實存在。」相反地，我說：「不對」，恰恰相反，沒有事實這回事，只有演繹。我們不能證實有獨立存在的事實，試圖證實這麼一回事，原是虛妄。

　　　　只是因為「知識」一詞的意義，我們才認為世界是可知的。其實世界只是可演繹的，它的背後是沒有意義的，只有無數的意義──「觀點主義」（Perspectivism）。（WP, 481）

尼采否定世間的諸事諸物有一個真相，他認為每一

事物都可以有無窮無盡的不同演繹。每一個演繹都是一個相，要在這些演繹、這眾多的相當中挑出一個，冠之以「真相」的名號，是不可能的。試圖這樣做是愚莽的行為，他稱他這個看法為「觀點主義」。[11]

簡單而言，一個人對諸事物的演繹，使事物變得可以解釋，可被認知，就是尼采所謂的「意志」之一。可是對甲事物的演繹很可能和對乙事物的演繹不同，不能共存。也可能我對某事物的演繹和其他人對同一事物的演繹相異，而引起分歧，甚至爭執，這便是意志之間的矛盾。牽涉不大的意志之間的衝突影響還小，可是要尋找一個世界觀，一個進展的方向，意志之間若不協調，便有嚴重的後果了。

「權力」對尼采而言是怎樣的意思呢？

對尼采而言「權力」並不是一個特別的名詞。（他並沒有為「權力」一詞賦予一個特別的意義。）權力就是控制周遭的事物，克服其他的人和影響的力量。雖然有些地方他好像對權力有不同一般的了解，譬如他認為感激亦是爭取權力的表現，但我們看完他的解釋，便發現這並不是因為他對權力有非常的理解，只是對感激有深刻的心理剖析而已。他說：

> 有權力的人仍然會感激，理由是這樣的：對他有恩惠的人，侵入了他的圈子，〔感激〕是一種最平和的報復。要是沒有感激，有權力的人便表現得無

權無勢，也會給人視為無權力。因此每一個良好〔也就是原來屬於有權力的〕社會都會把感激看成第一責任。（*HATH*, II 44）

他的意思是當人向你施恩惠的時候，你便顯得無能，因為需要接受他人的恩惠。可是當你向他表示感激的時候，情勢便倒轉過來了。他的恩惠變成為你作的事，你成了主人——不是他施恩給你，而是他替你做了事，透過道謝和感激，你又把權力奪回來了，恢復了主人的地位。所以說感激是一種平和的報復。[12]

早期尼采雖然曾經一度把權力視為負面的，但他逐漸認識到「權力意志」是人類行動的一切動力。希臘文化，在尼采的心目中代表了人類文化的巔峰，也完全是建基在古希臘人的權力意欲之上：

哲學討論，古悲劇和喜劇，柏拉圖的對話，柏利奇里士時代（Periclean Age）的塑像都可以理解為古希臘人彼此之間爭勝，要相互超越，壓抑對方的產品。這不單指雅典、斯巴達和其他希臘城邦，也指艾斯佳拿斯和蘇富哥拉斯，柏拉圖與亞里士多芬尼士（Aristophanes，約公元前 446-385），以及所有在柏拉圖《酒會》（*Symposium*）發表有關愛的演說者，他們通通都是競賽者。一切政治、文化的成就，藝術，哲學，都可作如是觀，都可以用權力意志來解釋。[13]

　　換言之，人類生存在這個世界上，圍繞着的是不同的事物，這些事物本身都沒有特定的意義，都有待人為它們各各加上不同的演繹，然後才得以彼此聯絡成為一個能被認知的世界，從而又影響每個人的生活。人對周遭事物都是透過權力意志──要控制、勝過、超越、壓服其他人和事的意欲來演繹的。

　　不過這些權力意欲，有些是彼此相互衝突、不能相容的，有些會產生不能共存的結果，有些則涵有內在的矛盾因子，發展下去會造成內部的不調協。尼采希望探討這個人類行為最基本的動力，指出一個通行無阻、可以叫人不斷超越的方向。

　　「權力意志」這個詞第一次在尼采著作中出現是在《察拉圖斯特拉如是說》的第一部分〈一千零一個目的〉（On the Thousand and One Goals）：[14]

　　　　察拉圖斯特拉到過很多地方，見過很多民族，因此他發現很多不同民族的善與惡，察拉圖斯特拉發現沒有任何權力比善與惡更大。

　　　　沒有人不先學會評估價值而可以生存的。然而如果他們要自我保存，他們一定不能像他們的鄰舍一樣地去評估價值。很多時候一個民族以為善的，其他民族會視為臭名遠播而受到蔑視，這是我所發現的。我發現很多在這裏認為邪惡的，在那裏卻是受盡讚揚。從來沒有人明白他的鄰舍。他永遠因為鄰

舍的虛妄和邪惡而訝異不已。

　　在每個人的頭上都懸有一塊有關美善的法板。看哪！這是叫他們超越的法板。看哪！這是他們權力意志的聲音。

　　值得讚美的往往是人以為困難的，那些不能缺少的困難，就被稱為美善的。那些把我們從最深的困境中釋放出來的，最罕有的，最困難的，我們稱為神聖。

　　實實在在地說，人給予他自己善和惡。實實在在地說，這不是他接受過來的，尋找尋得的，也不是從天上來的聲音告訴他的。他為了自存，把價值放到事物上去，他──本人，獨自創造諸事物的意義。這就是為甚麼他稱他自己為人──估價者。（Z, I 15）

尼采在這裏清清楚楚的把權力意志和超越結連在一起。權力意志要我們超越旁人的價值觀，超越前設的價值觀，自己為自己創造一套價值。接下去尼采說：

　　評估就是創造。你這位創造者請聽：「評估的本身就是所有被評估中最有價值的瑰寶。只有透過評估才有價值這回事。沒有評估，存在的核心只是一片空虛。你這位創造者，請為我傾耳聽！」（Z, I 15）

權力意志最終便是驅使我們每一個人去創造，就像以前討論過的，屠殺了「你要」這條巨龍，勇敢的宣稱「我要」，從而

蛻變成新生的嬰兒。

　　在無意義的世界中創造意義，在沒有方向的生命中選定方向，在沒有路的人生中走出路來，使到這個世界可以被認知、被解釋。生命有目標，不至飄浮無定，這便是因為權力意志的驅使。因為世界有了意義我們才可以明白，人生有了目的和方向，我們才可以控制自己的生命。我們說知識就是力量，在無意義的宇宙中，我們自己為自己創造知識。

　　我們不單創造了世界，我們還創造了自我。在討論永恆的回轉的時候，我們提到在任何一剎那，我們都只是以前的種種。在一個沒有勇氣的人，這些種種便成了他的主人，因為它們的不可改變，我們懼怕得屈膝稱臣，可是有勇氣的創造者把這種種視為素材，創造一個今日之我。

　　當「權力意志」在《察拉圖斯特拉如是說》再次出現的時候，是在該書的第二部分〈自我超越〉（On Self-Overcoming）那一章。權力意志為了解釋周遭事物，為了控制自己的生命，為了勝過旁邊的人，於是創造了世界，為事物加上意義，為生命找到理想，為行為指出方向。然而最終人要克服自己，超越自己才可以掌握最大、最終的權力。

　　假如我們一直要勝過他人，屈折他人，他人便成了我們所必需的。如果我們的生命必需擁有其他人的話，究竟是我們有權，抑或其他人有權呢？是我們操控他們，抑是他們操控我們呢？所以最終權力意志必須不斷的自我克服，自

我超越。

在〈自我超越〉一章裏面，有下面一段相當晦澀的文字：

> 但是無論甚麼時候，我找到活着的人，我都聽到有關順服的演講，所有活着的都順從。
>
> 這是第二點：不能服從自己的人就是接受命令的人，這是生活的本質（Z, II 12）

要活，我們必須為生活訂下原則，然後遵守這些原則，否則我們對生活可以説是無所措手的。這便是尼采所説：「所有活着的都順從，我是順從這些賦予生活意義方向的原則。」可是這些原則，一就是自己創造的，自己締定的，要不然就是他人創造的，他人締定的。如果你不是服從你自己所訂下的，就是順從別人所釐定的。當然我們的權力意志驅使我們順從自己所創立的，而不是臣服於他人。但是我所創立的轉眼便成過去，成了過去的種種。順從自己所創立的往往叫我們成為過去的奴隸，權力意志不讓我們這樣做。所以在同一章稍後我們讀到另一段同樣令人費解的：

> 生命自己向我透露這個秘密：「看哪，」他説：「我是那必須永遠超越自己的」……
>
> 我寧願被毀滅也不要放棄這個〔自我超越〕。實在地説那裏有毀滅，有落葉，留心！那裏就是生命為了權力而犧牲。我必須是一種掙扎，一個變化，一

個終結，然而同時也是反終結。啊！誰猜得透我的
意志便應該明白它的進程是如何的曲折了。

　　無論我創造的是甚麼，無論我怎樣愛它──只
一陣子我便得反對它，反對我所愛的，這是我的意志
所意欲的。（Z, II 12）

這段話意思是：我們為世界加上了一個意義，為生命
找到了一個方向，以後我們是否仍是主人，抑或變成奴隸
──為自己訂下的原則的奴僕？為別人訂下的原則，抑或
為自己訂下的原則做奴僕都是奴僕，都不是權力意志的意
願。

　　然而關鍵問題是：怎樣在遵守自訂的原則之下，又不
是所訂下的原則的奴隸呢？尼采接下去說：

　　實實在在的我告訴你，不轉變的善和惡是不存
在的。他們驅使自己向前，他們必須一次再一次的
超越自己⋯⋯

　　誰要作善惡的創造者，實在地，他必須首先作
一個消滅和破壞價值者。因此最高的邪惡也屬於最
高的良善──這就是創造。（Z, II 12）

問題的答案是：我們必須明白，怎樣跟從自己訂下的原則卻
不淪為奴隸。首先我們得明白我們立下的原則不是永恆的，
也就是說是過渡的，可以被否定的。其次，原則是沒有約束
力的，尤其是對該原則的創造者而言，我們仍然遵守這些原

則，只因為在當下那一刹那，我們重新再創造這些原則。

　　一對夫婦，婚禮的時候在證人面前信誓旦旦，海枯石爛，此愛不渝。三十年後你問做丈夫的為甚麼仍然對太太忠貞不貳？他的回答是：「我是守信的。三十年前在證人面前立下盟誓，我又怎能背棄呢！」這個答案能否令人──特別是他太太──滿意呢？這個答案不能令人滿意，尤其是他的太太更加不滿，甚至可能有點反感。他似乎把自己當成了三十年前盟誓的奴隸。他太太所要的是今日仍然愛她的人，而不是一個過往盟誓的奴隸。所以重要的是：究竟今天他對太太的感情怎樣呢？

　　滿意的答覆應該是：今天望着對方，再一次自願地重申誓言：海枯石爛、此愛不渝、執子之手、與子偕老。丈夫深切明白三十年前的誓言，在感情上是沒有任何約束力的。立誓的是他，背誓的也可以是他。愛不是靠誓言維持的，而是當下的刹那，他重新選擇再立一次同樣的誓言，這才是可貴的。

　　尼采對人生也是同一的看法，如果我們不是不斷創造，我們便淪為我們所造之物的奴隸了。只有翻來覆去地創造同一原則，肯定同一意義，我們才仍然維持我們作主的操控權。因此我們既要做創造者，便要不斷的自我超越，並且要明白我們是可以否定所有我們所肯定的價值，顛倒一切我們所肯定的是非。我們不這樣做只是因為我們不選擇這樣做，是我們選擇繼續肯定過去的價值而已。

　　這樣了解「權力意志」，權力意志的確是尼采思想裏面一個一以貫之的觀念。他的觀點主義，永恆的回轉，超人都可以透過權力意志得到深一層的體會。在這裏用《權力意志》最後一則來結束這個討論：

　　　　你知道對我而言「世界」是甚麼嗎？我可否把答案顯示在你的鏡中？這個世界是一團龐大的能量，無始無終。鐵一般的堅強，不會增強也不會減弱，不會擴展只會自我變化。它是一個大小不變的整體，沒有支出，沒有虧損，同時也沒有收入，所以也不會有進益。它的周遭是被「空無」包圍。它並非渾沌不清，亦非無限延展，它是佔有特定空間的特定能量。它的內涵並沒有任何的空間，全體都是能量，相互影響，一浪接一浪的能量。在同一時間它是單一，也是多元，此消彼長，像能量的汪洋，連綿不絕的澎湃洶湧，永遠在循環，永遠在回歸。在這麼億萬年間，不同的形體如潮汐般，不斷的循環再現。從簡單的演變成複雜的，從最寂靜，最冥頑，最冰冷的，發展成最熱的，最激盪的，最自我衝突的，然後又再一次從這些絢爛歸於平寂，從矛盾衝突回到和平調協。在這些年間，這些不變的過程中，它不斷的肯定自己，把這個不斷的回歸，不知道止境，沒有厭惡、沒有憂慮的變化視為祝福。這就是我的戴安尼修斯的世界——永遠的自我創造，永遠的自我毀

滅——具有這雙重淫沃的欣喜的世界，這就是我的
超越善惡。沒有目的，除非這個循環帶來的快樂本
身就是目的；沒有意欲，除了這個叫自己感覺良好的
循環。你是否希望知道這個世界的名稱？想知道一
切謎語的答案？想給你這個最懂得隱藏、最剛強、最
堅毅、最夜半的人一點亮光？這個世界便是「權力意
志」——除此再非別的。而你自己也是這個「權力意
志」，此外也再非別的。（*WP*, 1067）

　　這段引文是《權力意志》最後的一段。雖然《權力意志》
只是輯錄尼采遺下來未組織成篇的筆記的結集，但把這段文
字作為《權力意志》的討論——甚至尼采思想——的總結，
未始不恰當。

　　在本書前面我說過：「（尼采）後來的體悟，當然比
在《悲劇的誕生》一書所呈現的更成熟、深邃，但卻不是相
反。成熟的尼采哲學，基本上和《悲劇的誕生》所說的是一
致的。」上面《權力意志》引文所描述的世界，那一團「龐大
的能量，無始無終，鐵一般的堅強……。」其實就是相彷彿
於《悲劇的誕生》裏面以「狂醉」來描述的戴安尼修斯的動
力。希臘悲劇的成功是因為當時的作家可以駕馭這股狂醉
的動力，把它帶進到人認知的範圍，讓人明白、欣賞，而得
到提升。這種駕控的能力就是「阿波羅」動力。也就是引文
中所謂：「不斷的肯定……不斷的回歸……永遠的自我創造
……」

　　希臘悲劇的滅亡是因為後來的作者意圖為這個粗獷不羈的戴安尼修斯世界套上一個放諸四海而皆準的定型，也便摧毀了他的動力，再不是：「永遠循環，永遠回歸……沒有目的，除了這個循環所帶來的喜樂。」這正是尼采反對華格納、反對基督教的主要原因之一。華格納和基督教都是希冀給予藝術或生命一個籠統、粗糙的答案，因此窒息了人的好奇和尋索。

　　人的生命就是要正視這股動力，讓它不停地動，不停的創造，但同時又維持它的可以被認知、了解。只求認知，失去了動力，生命是枯萎的。只在不斷的動，不能被了解、明白、欣賞，便只是一團混亂。「只有變成美學的現象，這個世界和其中所有的事物才可以被永遠肯定。」（*BT*, 5）尼采在《看這個人》評論他自己的時候說：

　　　生活在人群中，就像活在有關將來──我所見到的將來的零亂不成章的碎片中。我的創作，我的努力，就是要把這些碎片，這些謎團，這些可憐的偶然鎔鑄為一。我怎可以忍受作一個人呢，如果人不是同時也是創造者，解謎者，「偶然」的救贖者。拯救過去，把所有「曾經的存在」轉化成「我要如此」，這是我認為唯一可以稱為救贖的。（*EH*, III Z 8）

　　尼采一生的努力，就是要把生命變成美學的現象──特別是他在《悲劇的誕生》所展示的美學──這是從他第一

本書到末了都一以貫之的方向。

　　從上面看去，尼采的哲學很難再有更完整的系統說明。他的世界只是一團由每個人隨一己權力意志去塑造的能量。這個塑造必須說服塑造者自己，同時說服其他周遭的人，而且還要不斷的超越、創新、變化，絕對不能停頓下來，靜止下來。在思想領域中，尼采是一個遊蕩者：

> 　　我們離開陸地上船去了。所有退路都已摧毀，甚至後面的陸地都燒得一乾二淨。如今，小船啊，小心！海洋把你環繞。沒錯，它不是經常咆哮，不少時候，躺在那裏像絲樣的溫柔，金光閃爍，像個逸雅的夢。然而始終你會了解到它的無限──宇宙間再沒有比無限更可畏的了。……當你懷念陸地，以為那裏有更大的自由，憶念成疾，可是那裏已經再沒有陸地了。（GS, III 124）

這裏沒有後悔，只是對他的跟隨者的一個警告──其詞若有憾焉，其實心喜之的警告。

　　倘若尼采再多活十年、廿年，甚至一百年，他都不會給我們留下一套系統哲學。他只會不斷的再變化、再超越。他的偉大，他的可愛，他給我們的啟示就是這種不斷的超越，永遠的自我毀滅，也永遠的自我創造。我們覺得尼采難理解，在尼采哲學中尋不到一個實在的、可以安「心」立命的答案，因為他的答案就是沒有答案，不斷的蛻變，這

才是人類最基本的意欲——權力意志唯一可以得到滿足的
方法。

註釋

1　雖然在出版日期而言,《權力意志》並不是以尼采為作者的最後一本
　　書,但此書成於尼采死後,故以成書日期而言,是以尼采為作者的最
　　後一本書。不過,究竟這本書應否算為尼采的著作,也是有問題的。
　　在本章會有討論。

2　其他人是:迦士德(Peter Gast),韓尼弗兄弟(Ernst & August Horneffer),
　　雖然尼采的妹妹伊利沙白在序言中強調她並不是編輯人,極其量只能
　　稱為協助人,其實她的影響最大。各編輯雖然覺得他們的工作未盡
　　善,並不愜意,但在她的催逼下,還是把書勉強出版。為了此事伊利
　　沙白和韓尼弗兄弟弄得甚不愉快。韓尼弗兄弟因此離開了尼采資料庫
　　的工作。

3　根據考夫曼,尼采一共有不少於二十五個有關《權力意志》的大綱,
　　分成四部分是最簡單的一個。*WP*. Editor's Introduction, Section 3, p.
　　xviii.

4　*WP*. Editor's Introduction, Section 3, p. xiii.

5　*WP*. Editor's Introduction, Section 3, p. xiv.

6　*WP*. Editor's Introduction, Section 3, pp. xviii-xix.

7　*WP*. Editor's Introduction, Section 5, p. xxii.

8　*WP*. Editor's Introduction, Section 3, p. xvii.

9　Arthur Schopenhauer, *The World as Will and Representation*, trans. E. F. J.
　　Payne. New York: Dover Publications, 1969, Volume I, p. 3.

10　Arthur Schopenhauer, *The World as Will and Representation*, trans. E. F. J.
　　Payne, Volume I, p. 4.

11　尼采這個觀點主義和我國的莊子很接近,特別是《莊子·齊物論》下
　　面一段:「物無非彼,物無非是,自彼則不見,自知則知之。……是
　　亦彼也,彼亦是也,彼亦一是非,此亦一是非。」
　　他們強調的是世界可以從不同的觀點去了解。不同的觀點便產生不同
　　的解釋和理論。一個觀點產生的解釋和理論,如果換了另一觀點去

看便不一定對（就像第七章舉例的畫圖）。這便是莊子所謂：「是其所
非，而非其所是」了。

反對觀點主義的人最常用的反駁便是：觀點主義本身也只是從一個觀
點出發，所以不一定是對，不一定便是真理。這個反駁其實是沒有甚
麼力量的。

（1）當然，觀點主義只是從一個觀點出發，如果不是從一個觀點衍生
　　　出來，那便不是觀點主義了。

（2）觀點主義當然不一定是對。觀點主義並不是說甚麼理論都對，它
　　　只是說，世界上沒有絕對的、超時空的真理。因為這個世界不是
　　　只可以從一個觀點去了解，沒有一個觀點是比其他的觀點更能讓
　　　我們看到事物的真相。因此我們未曾明白一個理論是建基在甚麼
　　　觀點之上時，便不能魯莽地認為它錯，否則便是是其所非、非其
　　　所是了。不過從同一個觀點出發，不同的理論也是可以有錯有對
　　　的。反對者認為觀點主義不一定是對（就像任何理論、任何主義
　　　一樣），那是觀點主義者直認不諱的，並不足以置觀點主義於死
　　　地。

（3）至於說觀點主義不是真理。我們所明白超時空的真理，正是觀點
　　　主義所要反對的。說它不是一般人所界定的真理，那持觀點主義
　　　者肯定同意，因為他們否定了有這種所謂真理的存在。

不少反駁觀點主義的都是未能走出舊框框：觀點主義要取代的框框。
他們心底深處仍然希望尋到一個放諸四海、不分古今而皆準的真理。
他們指出觀點主義不是這種真理，所以不接納。而觀點主義正正要
說明的就是沒有這種真理，所有真理都是一種演繹，有它們假定的前
提，決不是事物本體的真相。

尼采的哲學難懂的地方便是因為它處處都是在挑戰我們根深柢固的舊
觀念。這些觀念有些已經成為我們思維的基礎部分了。排除了這些觀
念，我們便失去判斷的基礎，甚或說話的基礎，觀點主義難懂的地方
就在這裏。

12　這個解釋是考夫曼提出的，見 Walter Kaufmann, *Nietzsche: Philosopher,
Psychologist, Antichrist*, pp. 183-184。

13　Walter Kaufmann, pp. 192-193.

14　在此之前，「權力意志」一詞曾經在尼采的筆記中出現過，但他沒有
在他的著作中用上。

尼采生平簡介

請聽，我是如此這般的一個人，切勿把我誤會為其他樣子的人。（*EH*, Preface 1）

1844　10 月 15 日法特烈 · 威廉 · 尼采（Friedrich Wilhelm Nietzsche）生於當時普魯士的樂勤（Röcken）。父親查理 · 路易 · 尼采（Karl Ludwig Nietzsche, 1813-1849）是當地路德教會的牧師。母親法蘭茜絲嘉 · 奧拉（Franziska Oehler, 1826-1897）是樂勤鄰鎮普布司（Pobles）路德會牧師大衛 · 奧拉的女兒。她在 1843 年 10 月 10 日與查理 · 路易 · 尼采結婚（那恰恰是查理 · 路易 · 尼采的三十歲生日），時年僅十七歲。

1846　7 月 10 日，妹伊利沙白出生。
　　　尼采一直和他妹妹的感情很好，後來因為反對妹妹和班納 · 弗爾斯打（Bernhard Förster, 1843-1889）的婚事而決裂。弗爾斯打是當時德國反猶太人運動的領袖之一。在 1884 年 5 月 1 日的一封信內，尼采說：「要和這隻反猶太、充滿怨毒的母鵝（指伊利沙白）重修舊好，是絕對沒有可能的。」

1886年伊利沙白和丈夫移民巴拉圭，要在那裏建立
一個條頓（Teuton）民族殖民的理想國。1889年，
尼采精神崩潰的同一年，他們經營的理想國失敗。
不少德裔移民視他們夫婦為騙子。弗爾斯打自殺。
1890年伊利沙白黯然回國。初時，她協助母親照料
尼采，並意圖恢復丈夫的名譽，繼承他的遺志。後
來發現，她哥哥的哲學漸漸受人注意，便於1892年
開始，全力整理尼采「遺著」，建立尼采資料中心，
刻意把自己營造為尼采哲學的權威。其實她是把她
和亡夫的思想套入尼采哲學中。二十世紀五十年代
之前，一般人對尼采哲學的誤解，以及把尼采哲學與
納粹和希特拉扯上了關係，尼采的妹妹伊利沙白‧
弗爾斯打‧尼采要負最大的責任。

為甚麼伊利沙白明顯地違背尼采原意的演繹（今日，
她的解說已全被學術界唾棄）在當日竟然會這樣廣泛
地被接受呢？第一，尼采思想當時只在德語世界流
行，在那個世界，反猶太和德意志至上的思想是當時
的時尚，為尼采思想披上這件時尚的外衣，再加上
迎合了二十世紀初的納粹思想，得到強大政治勢力撐
腰，伊利沙白所推介的尼采思想自然風靡一時了。
其次，伊利沙白擁有唯一的尼采著作的出版權。一
般人看到的尼采的著作，都是經過她的修訂。有些
著作，無論怎樣修訂也和伊利沙白的解釋有齟齬，

她便乾脆延遲出版（《看這個人》到 1908 年才面世，便是個好例子了。），而且往往是以昂貴的限量版面世。少數對尼采哲學有興趣的人，便很難有機會看得到尼采著作的本來面目。

把尼采哲學從伊利沙白的曲解中解放出來，還它本來的真面目，居功至偉的（甚至有人認為是他獨力得來的成果），一致公認是華爾德‧考夫曼（Walter Kaufmann）。

1849　7 月 30 日，父親查理‧路易‧尼采逝世。有人認為他死前亦是精神錯亂，所以尼采的精神崩潰是遺傳的。這些人是根據尼采母親所說，他丈夫死前神志混亂，可能是曾經從樓梯摔下來的結果；再加上尼采十四歲時的追憶，說他父親逝世前非常憂鬱為旁證（尼采用的字是 gemütskrank，這字的意思是抑鬱，和精神錯亂有很大距離）。其實，根據尼采母親和尼采自己的話，都不能證明他父親患有精神病，尼采後來的精神崩潰是遺傳的這個結論，是沒有堅實的證據支持的。

1850　舉家遷居南堡（Naumburg）。

1858　9 月被接納升讀普富達（Pforta）學校，那是當時德國修讀古典（希臘、拉丁）語言文學最著名的寄宿中學，亦是尼采自十歲開始便夢寐以求能夠入讀的學校。

1861　2 月，因病回家養病。

1864　從普富達畢業。10 月到波恩上大學修讀神學。同
　　　年讀到大衛・史特勞斯（David Strauss, 1808-1874）
　　　的《耶穌傳》。史特勞斯的《耶穌傳》（*Das Leben
　　　Jesu kritisch bearbeitet 耶穌生平的批判研究），初版於
　　　1835-1836 年，分兩冊出版，轟動一時。史特勞斯是
　　　把耶穌作為一個人來研究，和把耶穌尊為與神同等的
　　　聖子的當時基督教信仰大相逕庭。1864 年他的書再
　　　版，定名為《耶穌生平——為德國人的修訂版》（*Das
　　　Leben Jesu für das Deutsche Volk bearbeitet*），這大概
　　　是尼采所看到的版本。尼采看後很受衝擊，他後來
　　　反基督教的思想可以溯源於此。不過，他當時的反
　　　應是：「〔這本書〕有嚴重的後果——如果你放棄了
　　　基督，你必須也要放棄神。」後來，他雖然說神死
　　　了，但如果我們仔細地看他的《敵基督》，他似乎並
　　　沒有放棄基督。（詳細內容請看本書第五章。）

1865　2 月，尼采誤入妓院。
　　　尼采到科隆（Köln）旅遊，本來是想到餐館去的，帶
　　　路的卻把他帶到妓院。他對朋友說，當時有點手足
　　　無措，但並沒有和妓女發生性關係。
　　　不少研究尼采的認為尼采的話不可信。有認為他當
　　　日驚惶失措，也許真的沒有和妓女有性行為，但是後
　　　來可能重訪妓院。他們所以這樣堅持是因為尼采日
　　　後的瘋狂和死亡，病徵都和患上梅毒，導致梅毒入腦

的癥候十分相似。畢連頓（Crane Brinton, 1898-1968）便斷言：「尼采患上梅毒，我們可以說是件已經證實了的事。」考夫曼比較保守，他說：「我們只可以說，所有清醒的，不感情用事的，跟這種事情有關的研究都同意尼采非常可能患上了梅毒。」

不過縱使尼采患了梅毒，是不是就在這一年，就是這一次呢？根據尼采友人的見證，他對性的興趣很低，除了這一次，或者在進大學的第一二年之內，似乎再沒有其他可能的性接觸了。

10 月，從波恩轉到萊比錫改唸古典語文。在這一年開始接觸叔本華的哲學。

1867　10 月，自動參軍。部隊駐尼采的家鄉南堡。

1868　3 月，騎馬受傷，傷及胸骨。

有學者認為如果尼采的確患上梅毒，可能不是染自妓院，而是來自軍隊，尤其是在受傷住院期間染上的。

10 月退役回萊比錫。

11 月第一次與華格納見面。

尼采自己也承認華格納是他一生中最重要的人物。他們二人一見如故，情同父子。後來又逐漸疏遠，華格納死後五年，尼采更出版了兩本書：《華格納個案》和《尼采與華格納之爭》，公開批評華格納。他們的疏遠和決裂，在本書中已有討論，在此不贅，但他們何以在短短不到一年便建立了如此緊密的關係呢？

那卻要在這裏稍稍交代一下。

華格納不只是十九世紀偉大的德國歌劇家，也是音樂史上不分國籍最頂尖的幾位歌劇作家之一，那是無論敵友都難以否定的。他與尼采父親同年出生，和尼采第一次見面的時候，已是名滿天下。尼采對音樂有很濃厚的興趣，彈得一手好鋼琴，而且有志成為作曲家。但尼采作曲的天分顯然不及他的文才。他曾經把自己的作品交給范彪盧——名指揮，華格納太太歌詩瑪的前夫——評價。范彪盧認為拙劣不堪，簡直是笑話，從音樂價值而言，是一宗罪。如果尼采仍然要繼續作曲，還是限於聲樂為佳，因為起碼有歌詞幫助。（菲沙迪斯寇曾經灌過一張演唱尼采作品的唱片，有興趣的讀者可以找來一聽。）華格納這位大作曲家對青年的尼采，自然有非常的吸引力。再加上尼采那時已經在構思《悲劇的誕生》，覺得華格納的作品具有古希臘悲劇的精神，可以把歐洲的藝術文化，帶回到昔日的光榮璀璨，對華格納也就更欽敬了。

華格納卻是狂妄自大，不可一世，自視為貝多芬、柏拉圖、莎士比亞的三位一體。他的歌劇都是自己寫故事、撰歌詞。（雖然他在哲學上的造詣，大概還比不上尼采音樂上的成就。）和尼采見面的時候，他已經有大計要把自己營造為德國文化的領袖、英雄。

尼采少年俊彥，和華格納見面時博士學位雖未到手，瑞士大學已經願意聘任為教授，那是前所罕聞的，所以在文化界已頗為人知。這種人才對華格納的大計自然有利用價值，羅致唯恐不及，現在得到這位學術界明日之星自發的崇敬，正是求之不得了。

在這裏閒話一筆，華格納和他太太歌詩瑪的關係。歌詩瑪是音樂家及大鋼琴家李斯特的私生女，1837年出生，比華格納少二十四歲。1857年和名指揮及鋼琴家范彪盧結婚。范彪盧非常欣賞華格納的音樂，推介不遺餘力。因為丈夫和華格納頻密的接觸，歌詩瑪移情別戀。1868年離開丈夫和華格納同居。其實，在此之前，她已經給華格納生了兩名女兒。到1870年才和華格納正式結婚。范彪盧始終支持華格納，就是歌詩瑪離開以後，他仍然和華格納維持良好的關係，不少華格納歌劇的重要首演都是在他的指揮棒下演出的。他們三人之間的瓜葛在當時是街知巷聞的「醜聞」或「佳話」。

歌詩瑪顯然是有她自己的才華的。華格納死後，從1883年至1908年，她是拜壘音樂節的總監，把音樂節辦得有聲有色，成為全歐最具聲名的音樂節。她退下來後，由兒子接班，其後是孫子，直到今日，拜壘音樂節依然是在華格納家族的管理之下，依然是歐洲享譽最隆的音樂節。歌詩瑪早期的努力、魄力，

奠下了穩固的基礎，居功至偉。

1869　1 月獲瑞士巴素大學聘為教授。當時尼采不過二十五歲，博士學位尚未到手，這個消息在學術界哄動一時。

4 月，到巴素履新並入瑞士籍。

5 月，第一次到瑞士特聶鎮華格納的居所訪問，此後成為特聶鎮的常客。華格納在家裏特別為他預備了一間客房，歡迎他隨時到訪居住。1869 至 1871 年，每年聖誕節他都是和華格納一家人一起度過的。

華格納特聶鎮的居所在琉森湖畔，湖光山色，非常怡人。今日，從琉森（Lucerne）坐不到二十分鐘公共汽車便可以到特聶鎮。華格納的居所現在已改成博物館，存有不少華格納用過的家具和手稿。為尼采準備的居室裏面，放有不少他們的照片和尼采書信的手跡。居所的周圍是公園。

1870　9 月因病回家休養，10 月恢復教務。

1871　2 月因病請假。

11 月《悲劇的誕生》被接受出版。雖然《悲劇的誕生》在 1872 年才公開面世，但 1871 年年底，不少尼采的朋友已從出版社收到贈書。

1872　5 月《悲劇的誕生》公開面世，受到不少同行猛烈的抨擊。同月，拜壘劇院奠基。

10 月，尼采的好友羅德（Erwin Rohde，1845-1898）

撰文為《悲劇的誕生》辯護。

12 月，回南堡過聖誕。是 1869 年以來第一次沒有和華格納一家共度聖誕，因而惹起華格納夫婦的不滿。他們對尼采送給他們的禮物——五篇文稿，全無反應。直到翌年 2 月，回答尼采電報時，歌詩瑪才解釋，他們遲遲未回應是「讓時間去平復這個不重要的裂痕」。雖說「不重要」，在華格納夫婦眼中依然是個裂痕。尼采到那個時候才曉得他回家度聖誕令華格納夫婦生氣。他在與友人信中投訴華格納給他的個人空間太少，令他十分為難。

1873　4 月，探訪拜疊華格納所建的歌劇院。撰寫為拜疊募捐的呼籲。呼籲雖然得到華格納圈內人士的欣賞，但因言詞過激，恐難達到募捐目的，未被採用。

發表有關〈大衛・史特勞斯〉和〈歷史研究的利弊〉的兩篇論文。這兩篇論文後來收入《不合時的默想》一書，是書中四篇論文的首兩篇。

1874　8 月應邀到汪費利（Wahnfricd）探訪華格納。他帶去了一本勃拉姆斯（Johannes Brahms, 1833-1897）作品的樂譜放在華格納的鋼琴上，把華格納氣得暴跳如雷。有認為這是尼采無心之失，只是華格納器量太窄；有以為尼采是故意的，這是他第一次公開顯示，藏在心裏已經一段時間的，對這位他一直很尊敬的長者的反叛和不滿。

我們要明白，華格納視所有德國作曲家為假想敵。勃拉姆斯的音樂品味是保守的，和華格納的前衛大異其趣，然而，享譽之隆，絕不亞於華格納。他的第一交響曲，有人稱之為貝多芬的第十交響曲，把他視為貝多芬的直接傳人。所以勃拉姆斯是華格納圈內人心目中的頭號敵人，他們言詞之間常常以攻擊、詆毀、挖苦勃拉姆斯為樂，這就是華格納圈外的人都知道的。尼采的音樂品味雖然接近華格納，但對華格納的態度——自大、不開明、幼稚、對人不尊重，卻是很不以為然。他表示過：「華格納除了他自己和幾個親近的朋友外，其他的人在他眼中都不是有獨立性格的個人。」他帶去勃拉姆斯的作品是《凱旋之歌》作品編號五十五（Triumphlied op.55）。他不只帶去，還彈奏其中片段自娛。雖然有人一度把樂譜挪開，但他又把它放回去。樂譜的封面是紅色的，非常刺眼奪目，惹人注意。所以認為尼采有意刺激華格納，惹他生氣，是很有理由的。

發表《不合時的默想》的第三篇論文：〈教育家叔本華〉。

1875　12 月在老家南堡過聖誕時病倒昏厥。

尼采的健康一直不好，就是作學生的時候，已經不時要請假回家休養。通常都是眼疾，不能閱讀，或者劇烈的胃痛和頭痛。1873 年曾一度因眼疾加劇，

被醫生吩咐停止閱讀及寫作。但這次病情更嚴重，他自己說：「我再不懷疑我的胃痛和眼疾是嚴重腦病的病徵。」他向大學請假。自此之後，他的健康一直走下坡。1880 年 1 月他寫信給醫生說：他的痛苦是持續不斷的，每天都有好幾個小時感到像暈船一樣的半癱瘓，甚至說話也有困難。不時病情更會突然惡化，上一次的惡化令他吐了三日三夜，叫他當時覺得死了還好。雖然如此，他並不遵守醫生的吩咐。有推測他自知不治，所以放棄。其實從他的書信看來，他堅持他的病不能靠醫藥，只能靠意志，不斷工作去克服。所以他為自己訂下一個嚴謹的生活程序表──主要是寫作和運動（行山，他認為山間空氣對他的健康有幫助）。我們不得不佩服他頑強的意志和過人的毅力。從 1875 年開始，十多年來，他都是受盡疾病的折磨，像活在地獄一樣，而這段時間內，他都是獨居，無人照料的，然而他仍不斷寫作。所有他的重要著述──《察拉圖斯特拉如是說》、《善惡之上》、《道德的緣起》都是寫在這些年間的。

1876　7 月及 8 月訪問拜疊音樂節。對音樂節感到十分失望而且噁心。11 月在意大利的索仁圖（Sorrento）和華格納夫婦會面。那是他們最後一次會面。直到 1883 年華格納逝世，六年多，這對曾經一度情逾父子的朋友，雖然沒有公開決裂，卻未曾再見過面了。

在他給不同友人的信中，尼采嗟嘆那次會面，華格納
給他一種衰老的感覺。那時華格納只是六十三歲，
比尼采初見他時不過長了七歲。尼采指的不是身體
的老，而是心理上的老——頑固，思想定了型，不
能接受新事物，不肯改變舊的看法。

同年發表《不合時的默想》的第四篇，也是最後一篇
的文章——〈華格納在拜壘〉。

1878　《人性‧太人性》第一冊出版。尼采在華格納圈內的
朋友對書的前言非常反感。

1879　5 月，因健康理由，辭退大學所有職務，從此專職寫
作。

尼采辭退大學所有職務後便開始他浪蕩孤獨的生活。
此後十年直到他瘋癲為止，他都沒有永久居所，帶着
一大箱隨身行李：他的衣物、手稿、書籍，流浪於熱
內亞、尼斯、威尼斯、吐連……之間。在他給友人
的書信中，他常感嘆自己的孤寂，就像在 1887 年給
羅德的信：「我已經度過了四十三個寒暑，然而我還
是像孩子一樣的孤獨。」其實，他是不用過這樣孤寂
的生活的，他的母親歡迎他回家，他的朋友亦樂於
和他交往。可是他自己選擇離群索居，寧願書信來
往，也不肯定居於和他要好的朋友的附近。也許他
自己明白，他必須獨自一人才能好好的思考創作吧。
所有他的重要著作都在這十年間寫成，雖然可以說是

因為沒有其他工作的負擔，孤獨一人也應該是創作豐收的重要原因之一。

〈原則‧意見雜記〉一文當成《人性‧太人性》第一冊的附錄出版。

〈遊蕩者和他的影子〉，當成《人性‧太人性》第一冊的第二附錄出版。

1881　《曙光》出版。

1882　4 月和 5 月間和莎樂美（Lou Salomé, 1861-1937）見面，不旋踵，他向莎樂美求婚被拒。秋天，尼采、他的好友里保羅（Paul Rée, 1849-1901）和莎樂美，三人在萊比錫一起住。

11 月三人組合解體。

尼采於 1876 年曾經向一名譚比達的女子求婚，當時他還年輕，和該女子只不過認識了幾天。求婚被拒後，他向該女子寫信道歉，深悔草率浪漫。但他和莎樂美的關係卻十分不同。莎樂美出生俄國，是一個漂亮、活潑、聰明、思想前衛的女子。里保羅比尼采早一點認識莎樂美，並向她求婚，被她拒絕，但她建議他們可以像兄妹一樣的同居，如果能找一位志趣相投的第三者一起共住更佳。里保羅接納這個建議，找來尼采作第三者。尼采和莎樂美見面不久便也墮入愛河，向莎樂美求婚。她像對里保羅一樣拒絕了，卻建議三人像兄妹一樣同住。這「三人居」

的實驗在萊比錫實行了五星期終告失敗。因為此事尼采對其他二人都很不滿，以後再未曾見過面。莎樂美不久之後和一位研究東方學的學者安特理亞士（F. C. Andreas, 1846-1930）結婚。1897 年她遇到比她年輕十四歲的詩人里克（Rainer Maria Rilke, 1875-1926），里克對她也是一見傾心，成為了她的情人。他們的戀情結束後仍然是好朋友。莎樂美對里克的成長和事業有極大的影響。里克在文學上的成就，莎樂美功勞很大。莎樂美晚年認識了心理學大師佛洛伊德（Sigmund Freud, 1856-1939），而且成為他忠心的跟隨者。這樣一位多才多藝、漂亮活潑的女性，也難怪尼采傾心了。

《輕快的科學》出版。

1883　2 月華格納在意大利威尼斯逝世。尼采是在熱內亞閱報知道這個消息的。為此他病了幾天，不能起床。其後，他給迦士德的信說：「六年以來，我不斷對抗我最尊敬的人，這是十分難受的。最後，我要抗拒的是老去的華格納（參 1876 年的記載），至於那真正的華格納，在某程度上我會成為他的傳人。」

9 月因為伊利沙白和弗爾斯打的戀愛，兄妹關係緊張。

《察拉圖斯特拉如是說》第一部分出版。

1884　1 月，兄妹決裂。

《察拉圖斯特拉如是說》第二和第三部分分別出版。

1885　妹妹伊利沙白和弗爾斯打於 5 月 22 日結婚，尼采沒有出席婚禮。

《察拉圖斯特拉如是說》第四部分自印本於友朋間傳閱。

1886　2 月伊利沙白夫婦啟程赴南美巴拉圭。

《善惡之上》出版。

《人性‧太人性》第二版面世，新版把兩篇附錄放在一起，獨立成為《人性‧太人性》的第二冊。

《悲劇的誕生》換上了新的前言再版。

1887　《道德的緣起》出版。

《輕快的科學》再版，新版比舊版增加了第五卷和一首附錄的詩。

1888　2 月，在一篇信稿中宣稱已完成了《價值重估》的初稿。

4 月，白蘭特斯（Georg Brandes）在哥本哈根大學開課講授尼采的哲學。

4 月，遷居意大利吐連（Turin），那是他瘋癲前最後的居所。

《華格納個案》出版。

《尼采與華格納之爭》、《偶像的黃昏》、《敵基督》、《看這個人》先後脫稿。

1889　1 月 3 日早上出門，看到一個車夫鞭打馬匹，尼采流

淚衝前，抱着馬頸，阻擋車夫對馬的鞭撻，之後昏厥於地。途人和房東把他扶回住所。後來由友人奧華貝克接回瑞士，搬進療養院。自此之後精神錯亂，至死不曾恢復。

6 月妹夫於巴拉圭自殺。

《偶像的黃昏》出版。

1890　3 月尼采的母親把尼采從療養院接回家中自己照料。

12 月妹伊利沙白從巴拉圭回南堡。

1892　《察拉圖斯特拉如是說》第四部分出版。

7 月伊利沙白重回巴拉圭處理未完的事務。開始初步整理尼采的文稿。

1893　9 月伊利沙白從巴拉圭重返家園，致力整理尼采文稿，並建立尼采資料中心。

1895　伊利沙白從母親處取得尼采作品的出版權。

《敵基督》、《尼采與華格納之爭》出版。

9 月，尼采好友奧華貝克去探望尼采，這是他最後一次和尼采的見面。他的描述：我在他房間裏見到他，蜷臥在那裏好像是一隻受了致命傷的野獸，渴望安息。我在那裏的時間，他沒有發出過一點聲音。他似乎並沒有感到任何痛楚，只是在他沒有神氣的目光中我們可以看到極度的不安和不滿。他的家人說幾個星期以來，他不是極度興奮地手舞足蹈，咆哮叫嚷，就是連續幾天都沒有發出任何聲音。

1897　尼采母親差不多獨力照顧了她的兒子七年，心力交
　　　瘁，4 月 20 日病逝。

1900　8 月 25 日尼采逝世。

1901　伊利沙白在幾位助手協助下，把尼采遺下或長或短、
　　　不成篇章的筆記整理成《權力意志》一書，有關《權
　　　力意志》，在本書最後一章有詳細討論。

1908　《看這個人》出版。

尼采對基督教攻擊的反思

一個常見的謬誤：要有堅持自己信念的勇氣。其實，
我們應該有的是：攻擊自己信念的勇氣。(XXI, 318f)

佐治·摩根說：「毫無疑問，尼采哲學主要的前提就是
無神論。」[1] 然而，尼采對神死了這個信息，並沒有存着仇
者的快感，反倒帶着親者的哀痛。這一點，不少研究尼采
的都看到。艾垠（Henry David Aiken）在他的〈《察拉圖斯
特拉如是說》的介紹〉一文中說：

> 雖然察拉圖斯特拉宣告「神死了」，但在他或他
> 的創造者（指尼采）而言，這句話的基本意義並不
> 是反宗教的。像威廉詹姆士（William James, 1842-
> 1910。美國十九世紀末至二十世紀初的哲學及心理學
> 家）一樣，尼采因為這個不信感到傷痛。這是他和坊
> 間一般人云亦云的無神論者，或不可知論者的分別。
> 對那些一般的不信者，否定神的存在和否定人首馬身
> 的神話動物的存在，無論在意義上，重要性上，都毫
> 無分別。[2]

這一點在討論尼采對宗教的看法時，必須牢記。

　　把上述一點記存心中，我們現在一同看看尼采的無神論和他對基督教的攻擊。

　　如果我們視神的存在為不合科學的虛妄，神的死亡就是讓我們跳出虛妄，返回真實，那是件值得慶祝的好事。如果，我們視神為奴役人的極權，祂的死亡，叫我們重拾自主，再得自由，也是大喜信息，應該為此歡呼。可是這並不是尼采對「神死了」的反應。

　　其實，從他怎樣引進「神死了」這個信息，我們已經可以窺見他對神死了的看法。他說：「你們可有聽到一個瘋子，在明媚的早晨，打着燈籠走到鬧市，不住在喊：『我尋找神，我尋找神。』」最後，瘋子跳到（人群）中間，以凌厲刺人的目光望着他們大聲叫道：「神在哪裏？讓我告訴你吧！我們——你跟我——把祂殺了。」為甚麼是一個瘋子帶來這個信息，而不是一位飽受尊敬的科學家？不是一位社會賢達？為甚麼在陽光普照的早上，這位瘋子要打着一個燈籠？這要表達一個怎樣的信息？如果我們仔細閱讀《輕快的科學》描寫神死了以後的光景，我們便更明白尼采對神「死訊」的感受了。

　　　我們都是謀殺神的兇手。……當我們把地球和太陽的聯繫解開，我們到底幹的是甚麼？現在它往哪裏去了呢？我們又往哪裏去呢？離開所有的太陽？我們不是不斷地下墜嗎？向後、向邊、向前、向各個不

同方向〔下墜〕嗎？還可以分出甚麼是上或下嗎？我
們不是漂向無盡的虛無嗎？我們不是感到虛空的呼氣
嗎？不是越來越冷，黑夜不斷的逼近我們嗎？我們不
是在早晨也要點着燈嗎？（GS, III 125）

在尼采看來，神死了我們人便辨別不了方向，分不清
上下，丟掉了目的，漂向無盡的虛無；失去了感情，只覺越
來越冷，也看不見光明，甚至在陽光普照的早晨也要打着燈
籠。這不是歡欣、慶幸的表現，而是喪志、擔憂的徵候。
神死了，不是一件好事，而是件叫人害怕、痛苦的事。尼
采對神死了的感受：不斷的下墜，感到虛空的呼氣，黑夜不
斷的逼近，越來越冷。這些感覺都是從比較而得的。和甚
麼比較呢？和以前——神未死以前比較。神未死以前，人
是分得出上下來的，人生是有目的的，是溫暖的，雖然並非
全都是光明，但是有晚上、有早晨，早上並不需要打燈籠。
這一點是很重要的——神，在尼采的思想中，是一度存在
過的，在祂未死的時代，人的生活和祂死了的時代迥然不
同，在有神和無神的比較中，今非昔比的嗟嘆，是清楚不過
的。

尼采宣佈「神死了」。我們是生活在沒有神的時代。不
過他並沒有宣稱世界上根本沒有神，神的存在是個絕世謊
言。這裏隱藏着一個重要的消息，考夫曼把這個關鍵一語
道破：

　　這是宗教的語言，是從福音書中演繹過來的圖
畫……。[3]

　　尼采的「神死了」的消息以及他的反基督教都是立足
於宗教之內。他不是——像今日大部分反基督教者所持的
——因為科學而否定神的存在；也不是，像不少中國的知
識分子那樣，因為文化傳統，以基督教為洋教而加以排斥。
尼采反對是因為基督教和基督教所信仰的神，已經再不能滿
足宗教的要求，再不能滿足宗教上神的條件和位格，雖然祂
曾經一度充分的符合那些要求和條件。在《敵基督》書內，
尼采説過一段很值得我們留意的話：

　　我們與眾不同，並不是無論在歷史中，自然界
　抑或自然的後面，我們都找不到神，而是人所崇敬的
　神，據我們的經驗都不像神，而是可憐的，荒謬的，
　有害的，不僅是一個錯誤，簡直是一種與生命為敵的
　罪惡。（A, 47）

　　這段話充分表示，尼采心裏是有一個「神到底是甚麼」
的答案。他心內有一個衡量甚麼可以被稱為神、甚麼不可
以被接受為神的標準。要進一步研究尼采「神死了」一語的
意思，我們必須找出尼采心中這一個衡量甚麼是神的標準。

　　在他的著作裏，我們找不到清楚寫明的這樣一個標
準。所以我們只能從間接的線索去解答這個問題：

一個人需要神為無條件的，不用上訴庭的認可，絕對的統帥。（WP, 275）

虛無主義是甚麼意思呢？那就是最高價值的自我貶值。缺乏目標，「為甚麼？」〔再也〕找不着答案。（WP, 2）

極端虛無主義就是確信：生命面臨最高價值的時候是絕對沒有支持的，同時又認識到我們沒有絲毫權利去假設一個神聖的彼岸，事物的真相或者具體的道德真實。（WP, 3）

從這幾段引文看來，尼采把神看為人生命價值的一個錨。神為人的生命立下目標，指出方向，解答困惑，並在生命中給人有力的絕對支持。

尼采說神死了，就是說，符合上述的條件的神已經不再存在了。

尼采在《察拉圖斯特拉如是說》說得很清楚：

魔鬼說：「神死了。神死於對人的憐憫。」為甚麼基督教的神不符合尼采所謂神的標準呢？為甚麼基督教的神不能作為人的絕對統領，不能給予人至上價值的最高無條件的認可呢？因為神變成了憐憫的、同情的神。

一個人應該持定他的心，他要是稍一鬆懈，便會連自己的頭腦也控制不住了。世界上哪有比憐憫更愚昧的事呢？世界上哪有比憐憫帶來更多的痛苦的

呢？禍哉，那些不能把愛放到比憐憫更高之處的人。
（Z, II 3）

憐憫、同情就是了解對方是軟弱的，是錯誤的，是醜陋的，然而卻容忍和接受，甚至鼓勵延長這些軟弱和錯誤。本書的第五章已提到過：

> 要弄清楚……人類改善的前提，對種種人道主義的幻覺，我們必須半步不讓。……高貴的階級往往是野蠻的一族，他們只是要征服，要攫取他所要的。對反對自己的，阻撓自己的，抗拒自己的說不。這「不」便是人進步的動力，和新價值的開端。他們並不為甚麼而生存，而覺得其他都是為他自己的生存而存在的。（BGE, IX 251）

> 就像爪哇有一種向日藤，它密密的纏繞着一株橡樹，直至靠着橡樹的支持，它凌駕橡樹之上。在開放的陽光下展示它的冠冕；享受它的幸福。（BGE, IX 258）

祂既然是人最高價值的保證，把人帶向最終目的的統領，神必須支持人這種向高的邁進，征服性和排外性的邁進。然而，基督教竟然標榜一位憐憫的神。保羅在〈提摩太前書〉一章十五至十六節說：

> 基督耶穌降世，為要拯救罪人。這話是可信的，是十分可佩服的。在罪人中我是個罪魁，然而

　　我蒙了憐憫。

　　得憐憫的原因只是因為是罪魁，在尼采的心目中這可能是剛健的神死亡最強的證據。

> 　　最後，「神」老了，變得心軟、祥和、憐憫，不再像父親，更像祖父，最像的是：一位顛顛抖抖的老祖母。（Z, IV 6）

神在《舊約聖經》裏並非如此。

> 　　猶太人對於怒氣的看法和我們不一樣，他們稱之為神聖。他們看到他們當中有人把這種沉鬱的光輝發展到歐洲人想像不到的高峰。一位憤怒而又神聖的耶和華，就是以他們憤怒而又神聖的先知為模式的。歐洲憤怒的偉人和他相形之下，只是二手的仿造品。（D, 38）

> 　　猶太人的《舊約聖經》裏面有偉大的人物、情事、講演，在希臘、印度文學裏面我們找不到可以和他們比較的。在這些，人類曾經一度如此的遺跡面前，我們感到驚愕，尊敬……《舊約》的品味是分別偉大和渺小的試金石。（BGE, III 52）

《舊約》的神率領以色列人渡過紅海，消滅本來定居在迦南地的其他異族，建立屬於他們自己的帝國。對一切阻礙以色列立國的都毫無憐憫：他們是外族，不是神所選中的。

他們的命運一就是歸順，一就是滅亡。

現在，尼采從教會中所見到的神，已經沒有了這種剛健威猛。這是尼采宣稱神死了——現今的神並不符合神的條件——的第一個、也是最主要的理由。不過，尼采承認他這個看法，不是基於理性的，而是主觀的。

> 反對基督教——現在反基督教決定性的理由是我們的品味，不再是我們的理性。（GS, III 132）

當人失去了征服的意欲，超越的剛健，就變成只懂得從小處着眼，變得瑣碎，而尼采討厭的正是這種狹小和瑣屑。

> 我不喜歡《新約聖經》……，《舊約》那又當別論，願所有尊榮歸於《舊約》。
> 在它裏面我找到偉大的人物，英雄的氣象，和這世上最罕有的——一顆強壯的心所擁有的天真，再加上我找到一個民族。在《新約》我只找到小器的黨派，只是洛可可（Rococo）式的靈魂，……（GM, III 22）

我覺得「洛可可式的靈魂」是很恰當的描述。洛可可是十八世紀的一種藝術形式，主要是關於建築，但也用在音樂和繪畫上。這種形式注重豐富、纖巧、繁瑣的裝飾。後來「洛可可」往往用作貶詞，指過分留心不相干的繁文縟節。

尼采覺得《新約》的基督徒，失去了《舊約》那種勇猛的進取，把精力放在克己——而就是在克己上，也只是留心自己是否過分自私、過分享樂、不夠為他人設想等等，而缺乏一種宏大向外開展、征服的氣魄。一切人本來自然而然傾慕的都因為克己而被認為醜惡。

> 基督徒認定世界是醜惡的，因此他們把世界變得醜惡。（GS, III 136）

這些所謂克己都只是雞毛蒜皮的瑣事。在《敵基督》尼采說：

> 甚麼是幸福？……不是知足，而是更多的權力；不是和平而是戰爭；不是美德而是適當的健康（是文藝復興期的那種美德，不是小家子氣、不抽煙、不喝酒那種的美德）。（A, 2）

> 冒着叫今日天真純潔的人聽後反感：我建議——自我主義是屬於高貴族類的天性。我的意思是：〔他們〕堅定的相信，在他們這樣的族類面前，其他的一切都只是次要，都是要為他們犧牲的。高貴一族視自我主義為無容置疑的事實——這裏面不包括任何的冷酷，並不需要約制，也不是任性，而是屬於事物最原始的規則，如果硬要給它找個名字，或者可以說這就是公平的本身。（BGE, IX 265）

一切向內的克己，尼采都討厭。他説：

> 中國的母親甚至教訓她們的孩子「小心！」[4]——
> 心胸要小。這是文化晚期的基本傾向：絕無疑問，
> 古希臘人在今日的歐洲人身上也會發現同樣的自貶，
> 只此一事已足以叫他覺得我們品味低了。（BGE, IX
> 267）

　　基督教的教訓使基督徒缺乏了高貴族類這種衝創性，把本來與生俱來的那種向外征服，轉化成向內的攻克自己，而且是以克服零零碎碎的，不幹這些，不幹那些為榮，是尼采反基督教的第二個原因。

　　不過，基督教最令尼采反感的並不是上述這兩點。如果基督徒真心相信向外的征服是驕傲和自大，是一種罪惡，真心願意放棄人性這個傾向，誠心誠意的克己，自我卑微，也許尼采尚肯接受。然而，尼采覺得這些都是虛偽的。基督徒其實並不真心相信他們高舉的美德是真正的美德，只不過他們缺乏向外衝創的膽量，所以怯懦地以攻克己身，以卑微順服為可取而已。他們骨子裏所欽羨的恰恰是他們表面所唾棄、所認為是罪惡的。

　　在本書的第五章，我已經徵引了尼采認為基督徒虛假的證據，在《道德的緣起》第一篇十五節尼采説：

> 他們信的是甚麼？愛的是甚麼？望的是甚麼？
> ——這些弱者（指的是基督徒）——他們希冀一朝他

們也變成強者，這是毫無疑問的──一朝他們的王
國也要降臨──他們稱之為「天國」，正如前述，因
為他們是如此地謙遜。（GM, I 15）

這裏讀者可以感受到尼采銳利的諷刺，但更尖銳的諷刺還在
後頭，接着他說：

甚麼構成基督徒樂園裏面的福樂，我們雖然可
以猜度，但還是聽聽一位不容輕視的權威──托馬
斯‧阿奎那（St. Thomas Aquinas, 1225-1274），這位
偉大的教師兼聖徒，對有關這些教訓，親口，像羊一
樣的謙卑，所說的話吧：

「在天國裏，那些蒙福的將會看到那些被定罪的
所受的刑罰，這就叫他們所蒙之福更顯歡樂。」如果
要聽更強調的信息，我們可以聽一聽一位教父凱旋地
親口所說的……（GM, I 15）

接下來他引了一大段公元二、三世紀教父德爾圖良的
話──這在第五章已引述過，於此不贅。

就尼采看來，基督徒所相信的是饒恕、憐憫，自稱所
愛的是逼迫他們的仇敵，所望的是和平、喜樂、充滿慈愛的
天國，都是虛謊的虛謊。鑽到他們言行的背後，探索他們
深層的心理，就可以曉得其實他們是贊成他們所反對的，想
擁有他們所揚棄的，和他們所否定的惡人所追求的一模一
樣。尼采指出：

有千種證據〔支持他上述的看法〕，但我們只需
要看一看使徒約翰所寫關於末世的〈啟示錄〉，裏面
用上了文學上最放浪的詞語便可以看到他的內心是充
滿了報復。我們切勿忽視這本充滿仇恨的書，基督
徒竟然相信是出於愛的使徒——那位對愛最熱切的
福音書的作者之手，這裏面顯示了基督徒本質中最深
邃的一致……。（GM, I 16）

這一個對基督教的嚴重指控：口是心非、表裏不一的
虛偽，並不是一般反基督教人士可以明白，更遑論提出了。
只有像尼采一樣，對《聖經》，對基督教教義，對當時教會
的狀況有深切了解的人，才可以看得到這種基督教的病態，
只有對基督教有深厚的情感的人才會感到這種親者之痛，而
提出如此刻骨銘心的責備。

基督教會這種虛假是尼采反基督教的第三個原因。

我必須承認尼采這三個原因都是強而有力的。如果他
所指出的，真真正正是基督教的病，那麼基督教信仰的確是
患了嚴重、甚至可能是無可藥救的病，但究竟他的指控有沒
有證據呢？

我們先看第三個指控——對自己的信仰，基督徒是口
是心非的。基督教宣揚的是愛，其實充滿的是仇恨。尼采
舉出了阿奎那、教父德爾圖良的話，都是有根有據，不是尼
采捏造的。我們可以辯稱德爾圖良並不是家傳戶曉的基督
教歷史人物，但阿奎那卻是無容置疑基督教史上的一流人

物。不過我們且不去研究尼采所引他們的話是在甚麼場合說的，上文下理如何，只是幾個人的話，無論怎樣著名的幾個人，都不能代表基督教的信仰。

　　德爾圖良的話已經有不少基督教學者批評過，認為有違基督教的教訓——愛與和平。在二千多年的歷史裏面當然不難找到好幾個像德爾圖良的人，然而不要忘記，我們也可以找到很多至死也緊守「愛你的仇敵」這個訓誨的基督徒。至於阿奎那那番話，如果溯源到它的出處，便發現可以給予另外的解釋：聖徒看到被定罪者的懲罰，便更加明白神恩典的浩大和寶貴。這個解釋和尼采的表面十分接近，但意義上分別甚大。這個解釋，並沒有尼采暗示的那種忌恨、怨毒、幸災樂禍的心態。就如兩個中學生，第一次嘗試吸大麻被發現，受到老師嚴重警告，一位從此不再沾毒品，另一位仍然執迷不悟、沉淪毒海，萬劫不復。前一位回顧過去，再看到後一位一生慘痛的經歷和結局，對老師的警告更加感激，對自己能臨崖勒馬更倍感幸運。這是相當正常的反應，並沒有絲毫幸災樂禍的成分在內，他對自己同伴的遭遇仍然可以是十分惋惜同情。

　　所以尼采對基督教的第三個攻擊，雖然最有煽動性，卻是最弱的一個理由。基督教是要我們仰望神，並不是崇拜人。如果我們從人當中——切記無論怎樣熱心，緊守聖道的基督徒也只是人——找基督教的憑藉，我們一定要失望而回。基督教的成功並不是因為（because of）基督徒的能

力和作為，而是雖然（in spite of）基督徒是如此的軟弱無能，也沒有令基督教失敗，因為基督徒相信的本是神的大能。

從宗教理論的立場來看，尼采的第二點反對理由更致命，更值得留意。基督徒的克己其實是把人性裏面那種向上的、衝創的意欲扭轉過來稱之為自大、狂妄，而一味留心「小家子氣」的小毛病。

> 人的意願是把自己定成犯下不可救贖的罪，認為任何可能的懲罰都不能與他所犯的罪相等……意圖建立一個理想——至聖的神，在祂的面前實實在在的感到自己徹底地無價值。唉，這種瘋狂的、可憐的野獸——人！（GM, II 22）

首先讓我們看看尼采認為基督徒只是關心雞毛蒜皮的小毛病，以此為克己這一個批評。的確，這類的基督徒為數不少，在今日的基督教會裏面，我們遇到不少基督徒他們自誇的是不喝酒、不吸煙、不賭博，不這樣、不那樣，他們的見證就是建築在這些「不」的上面。

這些只顧說不的現象並不只是今日教會才有，就是最早期的教會也已經有這種現象，保羅寫信給歌羅西教會說：

> 你們若是與基督同死，脫離了世上的小學，為甚麼仍像在世俗中活着……（〈歌羅西書〉二章 20-21 節）

如果讓今日教會續完這段話，我相信大半會這樣接下

去,「作這種事,那種事。豈不知這些事是已經釘在十架上的了麼。所以你們不應再作這樣,再行那樣,要站起來大聲向這些世俗的事說不!」

但〈歌羅西書〉並不是這樣接下去的,而是:

> 為甚麼仍像在世俗中活着,服從那不可拿、不可嘗、不可摸等類的規條呢!(〈歌羅西書〉二章20-21節)

這些不可拿、不可嘗、不可摸等等規條不正是尼采所視為的"Moralin"——小家子氣的規條麼?

只懂說不,只推崇說不,雖然是不少今日、甚或早期教會的寫照,但這並不是《聖經》的主要訓誨,尤其不是尼采所藐視的《新約》訓誨。說是《舊約》的訓誨,也許還說得過去,因為〈摩西五經〉所載的律法都是一連串的不。那麼《新約》要脫離了世上的小學,不再在世俗中活着的基督徒留意甚麼?做些甚麼事呢?我們看〈歌羅西書〉接下去怎樣說,首先這些「不」並不能幫助我們達到我們希望達到的境界,這樣的克己:

> 都是照人所吩咐所教導的,說到這一切,正用的時候就都敗壞了。這些規條,使人徒有智慧之名,用私意崇拜,自表謙卑,苦待己身。其實在克制肉體的情欲上,是毫無功效。(〈歌羅西書〉二章22-23節)

〈歌羅西書〉這一段話不正是和尼采所反對小家子氣的道德的理由不謀而合嗎？一個基督徒不應該以這些徒有智慧外表而實際卻是毫無功效的行為守則為主，為生活的鵠的，而是要：

> 所以你們若真與基督一同復活，就當求在上面的事，那裏有基督坐在神的右邊。你們要思念上面的事，不要思念地上的事。（〈歌羅西書〉三章 1-2 節）

這一點——思念，追求上面的事，就是要把更高的活出來。耶穌基督在世上親口說：

> ……我來了要叫羊（人）得生命，並且得的更豐盛。（〈約翰福音〉十章 10 節）

基督教不是傳播一個叫人萎縮、一味向世界說不的信息，而是宣揚一個叫人生命更豐富、更多的「是」的道理。

《舊約》在宗教上來說才是一個說不的世界。當時人所認識的神是建立各種「不」的神。人在這位神的面前真是感到徹底的無能，絕對的虧欠。相信神的、尊重神的，在他們所不能守的眾多「不」的面前，確實感到自己一無是處。他們只能不斷的獻上贖罪祭。這些律法正如保羅所說，真正的功用並不是給人遵守的，而是叫人認識自己不能遵守，因此就把自己定為犯了不可救贖的罪，任何的彌補都和所犯的罪不相稱。

到了《新約》，強調的是另一種神人關係，並不是設立律法的主人與應守律法的奴僕的關係，而是父子的關係，保羅說得很清楚：

> 你們因信基督耶穌都是神的兒子……你們既然是兒子，神就差他兒子的靈進入你們的心，呼叫阿爸父。……靠着神為後嗣。（〈加拉太書〉三章 26 節及四章 6-7 節）

《舊約》和《新約》的差別便是這種身份的轉換。人從《舊約》被造之物的身份，轉換到《新約》兒子的身份，因為身份的不同，律法的意義也迥異了。人所共知的浪子比喻，便清楚說明了這一點，浪子悔悟回到父親那裏的時候，他仍然是帶着《舊約》的心態，所以他準備向父親說：

> 我得罪了天，又得罪了你，從今以後，我不配稱為你的兒子，把我當作一個僱工吧。（〈路加福音〉十五章 18-19 節）

但父親跑去抱着他的頸項，連連親嘴，打斷兒子準備好了的話，吩咐僕人把上好的袍子給他穿，把戒指戴在他指上，把鞋穿在他腳上。

這位回頭的浪子，從那天開始，和父親一起爭取父親所爭取的，建立父親要建立的，分享父親所得的榮耀和事業，因為他與父親是一家人。

　　尼采對基督教的第二點攻擊，我看忽略了上述清楚記在《新約》裏、有關身份轉換的教訓，所以也是有商榷之處。不過，他指出的那種懦弱、小器，缺乏剛健的品味、衝創的氣概，確是基督教會的實況。我十分感謝尼采的哲學，因為它叫我嚴肅的面對這個現象，檢討這種以信心為幔子掩蓋自己的不敢，以克己和謙卑隱藏不進取的行為。《新約聖經》〈希伯來書〉十二章一節說：

> 　　我們既有這許多的見證人，如同雲彩圍繞著我們，就當放下各樣的重擔，脫去容易纏累我們的罪，存心忍耐，奔那擺在我們前頭的路程。

　　我們試看看那些見證人，他們不是因信說不，而是因信說是，做了一些一般人不敢做、不能做的事：

　　挪亞在洪水未來到前建方舟；亞伯拉罕離家到將來要得為業之地，去的時候還未知道目的地是哪裏；摩西父母因着信，不怕王命藏了嬰孩摩西三個月；摩西因着信，放棄法老王女兒之子的身份甘願與同族人受苦，爭取離開為奴之地；早期以色列人因着信走過紅海如行乾地，圍繞耶利哥城七日叫城牆倒塌……，其他的因着信，制服了敵國，行了公義，堵了獅子的口，滅了烈火的猛勢，脫了刀劍的鋒刃，軟弱變得剛強，爭戰顯得勇敢。

　　《新約》所高舉的信並不是不行動的藉口，而是進取的憑據，這都是近一二百年一般教會所忘記了的，給尼采抓住

了這點作為對基督教兇狠的攻擊。

我們現在去到尼采的第一點，神死了，神死於對人的憐恤。神本來是絕對的統帥，在他之上沒有上訴庭。然而從尼采看來這個神開始鬆懈、原諒、接受、容忍軟弱和醜陋——尼采大聲呼喊：「世界上哪有比這種愚昧帶來更多的痛苦的呢？禍哉，那些不能把愛放到比憐憫更高之處的人。」（Z, II 3）

可是《新約》的神是把愛放到比憐憫更高的地方，而這個更高的地方，我們中國人應該最容易了解。

《新約》強調神是我們在天上的父，在父子的關係中，我們找到了比憐憫更高的地方去放置愛。察拉圖斯特拉在他超越的路途上不肯要沒有反應的屍體與他同行，他也不要找尋可以牧養的羊（雖然察拉圖斯特拉喜歡與鳥獸同群，但圍繞察拉圖斯特拉的眾鳥獸都是獨立的，有個性的，不需要他照顧的），察拉圖斯特拉要找的是同伴。然而在《新約聖經》裏，至高無上的神找的是比同伴在關係上更深一等，更密一層的兒女。

從創造者、至高無上的立法者、執行者，人認識到神同時也是我們在天上的父，這是《新約》在宗教上給人類最重要、最美麗、最奇妙的啟示。原來生命的錨不是冷冰冰的，全理性的外在體，而同時是溫暖、有感情的，和我們息息相關的「天父」。中國有話：「慈母多敗兒」。這位天父是否出敗兒的慈父，把標準降低遷就人類呢？早期基督教會很

了解並非如此：

> 你們又忘了那勸你們如同勸兒子的話，說：「我
> 兒，你不可輕看主的管教，被他責備的時候，也不可
> 灰心；因為主所愛的，他必管教，又鞭打凡所收納的
> 兒子。」你們所忍受的，是神管教你們，待你們如同
> 待兒子。焉有兒子不被父親管教的呢？……萬靈的父
> 管教我們，是要我們得益處，使我們在祂的聖潔上有
> 分。」（〈希伯來書〉十二章 5-10 節）

標準沒有降低，不過失敗、挫折卻是用不同的眼光去
看，也有不同的意義。以前看為懲罰的現在是管教，過去
的挫敗今日視為試煉。有人會說這不外是文字遊戲。然而
在領受者而言，兩者之間的分別並不是文字遊戲，是具體、
真切、意義深遠的。

> 凡管教的事，當時不覺得快樂，反覺得愁苦；
> 後來卻為那經練過的人結出平安的果子，就是義。
> 所以，你們要把下垂的手、發痠的腿挺起來；也要為
> 自己的腳，把道路修直了，使瘸子不至歪腳，反得痊
> 癒。（〈希伯來書〉十二章 11-13 節）

> 那忍受罪人這樣頂撞的，你們要思想，免得疲
> 倦灰心。（〈希伯來書〉十二章 3 節）

上面所引的話，只有對至高無上的神，有《新約》之
「我們在天上的父」的那種認識，才可以說得出來的。

尼采認為基督教所樹立的目的，只是叫人自覺一無是處，而自貶自憐。他並不反對所樹立的目的，只是認為：

要達到這個目的，我們需要和這個世代所能產生的完全不一樣的精神。這種精神是經過戰爭和勝利磨練得堅強的，視克勝、冒進、危險甚至痛苦，為必須的，習慣了高處的稀薄空氣，冬天的旅程，高山堅冰一樣的環境。甚至需要一種昇華了的邪惡，和健康結緣的一種終極的、超凡的、不羈的、充滿自信的知識——簡單而言，它需要的就是這種偉大的健康。就是在今日這是不是可能的呢？一朝，在比今日這個正在腐朽、自疑，更強壯的日子，他必定要來到我們當中。那位滿有仁愛和鄙視的救贖者，那位充滿創造精神的，他的衝創力必不會容許他維持一個高高在上的超然立場。他的獨立叫人誤會他是逃避真實，其實他只是吸收，浸淫，滲透在現實當中，等待有朝一日他可以脫穎復出於光明之中，切實的帶來對現實的救贖——從那操控我們的理想的咒詛中把我們釋放出來的救贖。這位將來的聖人，不單把我們從這管轄我們的理想中救贖出來，更會把我從其中滋衍出來的病態、巨大的虛空和虛無主義中救贖出來。這個晴天霹靂，這個偉大的決定釋放我們的意志，重複給予地球目標、群眾希望。這位敵基督，這位反虛無主義者，這位克服神和虛空的勝利者

——一日，他必降臨。（*GM*, II 24）

但對基督徒而言，這位救贖主已經來過了，而且還要再來，他並不是敵基督，而是死在十架上卻又復活了的主基督。這位復活的耶穌所代表的是，且不用基督徒的話，讓我引述尼采自己的描寫：

> 〔這個〕信仰，不是從掙扎而得的，……是沒有忿怒的，不責備他人，不拒絕，不會動刀劍。……不必靠神蹟、賞賜、應許，特別是聖書去證明。每一時刻，它就是它自己的奇蹟、自己的賞賜、自己的證明、自己的天國。……它是活生生的，不受任何程式束縛的。……（他的證明是「內在的亮光」、內在的喜悅、自我肯定，這一切就都是力量的證明。）（*A*, 32）

上面對耶穌的描寫，對福音的闡釋，在本書內我已經說過，可以媲美歷史上任何講章，而且要比絕大多數的更美麗、更動人、更真摯、更抓住了福音的真諦。這種謙和的，不是爪哇向日藤那種置敵於死地的克勝，並沒有像尼采所說，隨着唯一的基督徒——耶穌，死在十字架上，而是復活了，而且永遠與我們同在。

在復活前，沒有人相信耶穌基督所展示的信仰會站得住，沒有人想過是可能的。在復活前一般人都認為這種信仰是注定失敗的、死亡的——而且是羞辱地在十字架上的死亡，更遑論席捲全世界，從耶路撒冷、猶太全地、撒馬利

亞，直到地極了。耶穌的復活證明了這種信仰的可能和力量。本來只有一個基督徒，要再多一個也似乎不可能。但一粒麥子落在地裏死了，就生出許多子粒來。這個唯一的基督徒死了，我們基督徒相信祂又復活了，祂的復活見證這種信仰的能力，並叫無數人可以變成像祂一樣。尼采看到了耶穌的死，他討論基督教也是止於耶穌的死，止於各各他山上的十字架。他未曾和我們談過復活的意義。基督教並不是以耶穌的死為終點。《舊約》是結束在十字架上——人在律法前的無助、軟弱、自咎，都結束在十字架上，但基督教卻是開始於耶穌的復活。沒有復活，基督教所傳的都是枉然。

奇怪的是尼采雖然反基督教，他卻相信上述的信仰是可能的，並不只是發生在耶穌身上，下面是他親口說的：

> 〔像耶穌基督〕的生活在今日還是可能的，對某些人而言更是必須的，真實的，其實這樣的基督教訓在甚麼時代都是可行的。（A, 39）

有學者說，假如你懷疑尼采對耶穌這個人物的同情：

> 請你回到《敵基督》的原文，再看一遍，全書核心的那種〔對基督〕毫無保留的愛。這本書其實應正名為《反基督教會》更為合適。面對基督教教會，我覺得尼采是實行了基督的智慧，他像基督面對聖殿裏面兌換銀錢的人一樣憤怒地面對世界。[5]

這是不是尼采的矛盾呢？

在討論基督教的時候，我覺得尼采不時有這種矛盾，他把基督教拿來和他心目中的標準比較，發現有虧缺，然而他的標準其實往往就是《聖經》上面的標準。從他的論辯中，我們只能得出基督教教會夠不上《聖經》的教訓，甚至和《聖經》的教訓背道而馳的結論。尼采兇狠的攻擊，正如上面引文的作者所說只是指向基督教教會。指頭在牆上所寫的「彌尼‧彌尼‧提客勒‧烏法珥新」[6]，並不是基督教的破產，而是基督教教會的失敗。尼采，看到當時的教會，當時大多數的基督徒的愚昧和虛偽，覺得基督教信仰帶來的危險，遠遠超過了任何益處。基督教教會成了尼采最大的絆腳石。

尼采的攻擊並未曾觸及基督自己的訓誨。而他認為人該走的路，他指出的方向和《聖經》的吩咐相當接近。但對基督教最重要的信息——復活，對他親口認為有可能的真正基督教的信仰（相對於當時教會或一般基督徒的信仰），他卻沒有以他敏銳的分析力去討論過。因為尼采討論基督教的目的只是把他所認識的當時的基督教當為一個極度反面的出發點——反價值。當重估一切價值的時候，必須避開，必須南轅北轍地走到這些教訓的相反方向。他只是用當時的基督教信仰作他的哲學的反指南針。

「神死了」是在這個基礎上提出來的。基督教會所提出的神是一無是處，沒有提供神所應該提供的，沒有神應有

的資格。以「神死了」為出發點，尼采的思想遇到了一個大問題，一個兩難的困局。因為神在尼采心目中是意義重大的，神死了，本來由神所提供的生命意義，變成了人的責任，像威廉·穆勒《冬之旅》之〈勇氣〉一詩的結句：「如果世界上沒有神，就讓我們自當為神吧！」（Will kein Gott auf Erden Sein/Sind Wir Selber Götter.）豪氣干雲，可能嗎？

考夫曼把這個兩難的困局寫得很清楚：

> 要逃脫虛無主義——似乎包括兩個互不相容的肯定：肯定神的存在，因此現存的世界便再沒有終極的意義；肯定神的不存在，宇宙間一切事物也就都失去了意義和價值。這是尼采不停要面對的最大難題。[7]

怎樣解決這個兩難？我覺得尼采從來沒有反對過神的存在，他只是反對當時基督教教會所相信的神，而這位神似乎和《聖經》所展示的非常不同。其次，基督教最重要的教義——復活，尼采也從未曾討論過，再加上尼采在《道德的緣起》公開表示，真的救贖主終有一日要來，而在《敵基督》一書中，他對十字架上的耶穌表示最深切的愛敬。從這種種線索來看，令我覺得韋興格（Vaihinger）的話十分恰當：

> 對虛構的用處和有時虛構是必須的理解，早晚一定會叫尼采認識到宗教裏面的虛構是有它的用處而且是必須的。很多人問如果1888年那件過早發生，

> 把尼采哲學的發展結束的不幸事件沒有發生的話，尼
> 采的發展和長成又會是怎樣的呢？答案是：尼采這樣
> 毫不留情的展示了宗教觀念邪惡的一面之後，也必定
> 會強調那良善的一面。他會再次認識到肯定這些虛
> 構和觀念是必須和有用的。[8]

　　在重估一切價值的時候，尼采試以「神死了，沒有神了」為起點。神死了在他的哲學中是前提，並不是結論。當他解決不了考夫曼所指出的兩難，他是否會想到復活，和復活這個信息的意義，而重新考慮他的前提？這是研究尼采一個有趣但不可能有答案的問題。

　　上面的討論並非反對尼采的哲學，引韋興格的話為結也只是我個人的猜想（雖然並非完全無根據）。就探索尼采的思想而言，上面的論辯不屬主流，所以我不放在書的正文當中，而抽出來作為附錄。我是基督徒，又喜歡尼采，尼采所指出種種基督教界（這是我對 "Christendom" 的中譯）的病態，我個人的經驗覺得是實在的，的而且確在當時和今日的教會廣泛地存在。這個附錄就是我個人的回應——不是唯一可能的回應，也不是最好的回應，只是滿足我自己，幫助我更加明白我所信的，更加清楚《新約》的應許，讓我警覺我們基督徒不少的言行，本無惡意，但在旁人的眼中原來可以引生這樣深的誤會，可以這樣的惹人討厭和反感，成為別人的大絆腳石。我把這個反思放在書後作為紀錄，也給其他人，無論是基督徒與否，作一個參考。

註釋

1　George Allen Morgan, *What Nietzsche Means*, Chapter II, p. 36.

2　Henry David Aiken. "An Introduction to Zarathustra", p. 125. In Robert Solomon, *Nietzsche: A Collection of Critical Essays*.

3　Walter Kaufmann, *Nietzsche: Philosopher, Psychologist, Antichrist*, Part I, Chapter 3, p. 100.

4　這裏尼采是照字面去解釋「小心」。我們懂中文當然知道他是大錯特錯。尼采往往以中國代表老化了的文明。而在他看來老化的一個代表跡象是「小」──「小器」的小，缺乏年青那種磅礴的氣概。他以「小心」一詞為例是錯誤的，但尼采時代的中國文化給外人的印象是：老，拘泥小節，失去了寬宏，卻是難以否定的。

5　Lesley Chamberlain, *Nietzsche in Turin: An Intimate Biography*. New York: Picador, 1999, p. 9.

6　「彌尼‧彌尼‧提客勒‧烏法珥新」是巴比倫王伯沙撒看到指頭在牆上所寫的字，可是無人能解其意，只有被擄的猶太先知但以理看得明白。他的解釋是：「彌尼」，就是神已經數算你國的年日到此完畢。「提客勒」就是你被稱在天平裏顯出你的虧欠，最後一句「烏法珥新」意思是你的國要被瑪代和波斯瓜分。見《舊約聖經》〈但以理書〉第五章。

7　Walter Kaufmann, *Nietzsche: Philosopher, Psychologist, Antichrist*, Part I, Chapter 3, p. 101.

8　Hans Vaihinger, *The Philosophy of 'As If':A System of the Theoretical, Practical and Religious Fictions of Mankind*, trans. C. K. Ogden, Part III Historical Confirmations, Section D-Nietzsche and His Doctrine of Conscious Illusion. London: Routledge & Kegan Paul Ltd., 1965, p. 361.

參考書目

一、尼采作品（以原著的出版年分排序）

1. *Die Geburt der Tragödie* [1872]（《悲劇的誕生》）
   Nietzsche, Friedrich. *The Birth of Tragedy.*
   Trans. Walter Kaufmann. New York: Vintage Books, 1967.

2. *Unzeitgemässe Betrachtungen* [1873-1876]（《不合時的默想》）
   Nietzsche, Friedrich. *Untimely Meditations.*
   Trans. R. J. Hollingdale. Cambridge: Cambridge University Press, 1983.

3. *Menschliches, Allzumenschliches* [1878]（《人性·太人性》）
   Nietzsche, Friedrich. *Human, All-Too-Human.*
   Trans. R. J. Hollingdale. Cambridge: Cambridge University Press, 1986.

4. *Die Morgenröte* [1881]（《曙光》）
   Nietzsche, Friedrich. *Daybreak.*
   Trans. R. J. Hollingdale. Cambridge: Cambridge University Press, 1982.

5. *Die Fröhliche Wissenschaft* [1882]（《輕快的科學》）
   Nietzsche, Friedrich. *The Gay Science.*
   Trans. Walter Kaufmann. New York: Vintage Books, 1974.
   《輕快的科學》（*Die Fröhliche Wissenschaft*），一般譯成《快樂的科學》。"Fröhlich"在德文裏面是有快樂的意思。但快樂有很多不同的類別，"fröhlich"是形容一種輕鬆、自由自在、無憂無慮的快樂，所以一些英德字典裏面，在"happy"項下找不到"fröhlich"，反而在"lighthearted"項下找得到。尼采著作中不時提到「擺脫地心吸力」，思想要能夠「蹁躚起舞」，我想他用"fröhlich"的時候，也會想到這一方面。因

此我決定以「輕快」來翻"fröhlich",(輕快的音樂大體上都是快樂的,然而快樂的音樂未必一定輕快。)考夫曼把書名譯成 *The Gay Science*,捨"happy"而用"gay",大抵也是這個原因。

6. ***Also Sprach Zarathustra*** [1883 – 1892](《察拉圖斯特拉如是說》)
   Nietzsche, Friedrich. *Thus Spoke Zarathustra*.
   Trans. Walter Kaufmann. New York: The Viking Press, 1954.

7. ***Jenseits von Gut und Böse*** [1886](《善惡之上》)
   Nietzsche, Friedrich. *Beyond Good and Evil*.
   Trans. Walter Kaufmann. New York: Vintage Books, 1966.
   《善惡之上》(***Jenseits von Gut und Böse***),這本書一般譯成《善惡的彼岸》。"Jenseits"在德文是有「彼岸」的意義(宗教上和非宗教上的意義都有。),但「彼岸」在中文上,似乎宗教的意味較重,這並不是本書書名的涵意。考夫曼在書的英譯中指出,尼采在書裏面屢屢用上"bisher"一字去突顯"Jenseits"一字的意思,"bisher"在德文裏面是「至今」的意思,所以"Jenseits"指的是超過現今,怎樣超越現今善惡的觀念。「彼岸」也隱隱然有終極之意。尼采的哲學是鼓勵我們不斷的超越,超越有沒有終點,有沒有「至善」的目的地?尼采的答案似乎是否定的。我把這本書名譯成《善惡之上》就是這個理由。

8. ***Zur Genealogie der Moral*** [1887](《道德的緣起》)
   Nietzsche, Friedrich. *On the Genealogy of Morals*.
   Trans. Walter Kaufmann. & R. J. Hollingdale. New York: Vintage Books, 1967.
   《道德的緣起》(***Zur Genealogie der Moral***),通行的譯名是《道德的譜系》。雖然"Genealogie"有譜系的意思,但「譜系」叫人想到從古至今一系列祖先的名字。這本書卻是探討今日道德的來源和演變的過程。我覺得翻成《道德的緣起》(Genealogie 也有演變過程的意思)似乎更貼切。

9. ***Der Fall Wagner*** [1888](《華格納個案》)

Nietzsche, Friedrich. *The Case of Wagner.*
Trans. Walter Kaufmann. New York: Vintage Books, 1967.

10. *Die Götzen-Dämmerung* [1889]（《偶像的黃昏》）
Nietzsche, Friedrich. *The Twilight of the Idols.*
Trans. Walter Kaufmann. New York: The Viking Press, 1954.

11. *Der Antichrist* [1895]（《敵基督》）
Nietzsche, Friedrich. *The Antichrist.*
Trans. Walter Kaufmann. New York: The Viking Press, 1954.
《敵基督》（*Der Antichrist*），有譯這本書為《反基督徒》。我
在本書第五章已討論過把書名譯為《敵基督》的理由，於此
不贅。

12. *Nietzsche contra Wagner* [1895]（《尼采與華格納之爭》）
Nietzsche, Friedrich. *Nietzsche contra Wagner.*
Trans. Walter Kaufmann. New York: The Viking Press, 1954.

13. *Ecce Homo* [1908]（《看這個人》）
Nietzsche, Friedrich. *Ecce Homo.*
Trans. Ed. Walter Kaufmann. New York: Vintage Books, 1967.

14. *Der Wille zur Macht* [1901]（《權力意志》）
Nictzschc, Fricdrich. *The Will to Power.*
Trans. Walter Kaufmann & R. J. Hollingdale. New York: Vintage
Books, 1968.
《權力意志》雖然出版日期較早，但因為並不是尼采親手寫
成的著作，而是他妹妹在他死後集合他遺下來的札記所編
成。所以獨立處理，放在他其他親手寫成的著作之後。

二、其他西文論著（以著者姓氏的英文字母先後排序）：

1. Ackermann, Robert John. *Nietzsche: A Frenzied Look.*
Massachusetts: The University of Massachusetts Press, 1990.

2. Blanshard, Brand. *On Philosophical Style.* New York: Greenwood

Press, 1969.

3. Chamberlain, Lesley. *Nietzsche in Turin: An Intimate Biography*. New York: Picador, 1999.
作者自稱以一個同情尼采的摯友的角度去描述尼采瘋前一年在吐連的生活。雖然創見不多，但偶有所得亦可以加深我們對尼采的了解，譬如書中的第四章把《察拉圖斯特拉如是說》和華格納的《尼布隆的指環》比較：「尼采的『戲劇』也分成四部分與《指環》對應，華格納的《指環》是有關諸神之死，而尼采的作品是有關神的死亡。華格納以愛去戰勝諸神的不人性的貪婪，而尼采認為自愛可以克服人的限制。以《如是說》回答《指環》甚或華格納全體，無論建議和回應都是璀璨多姿。」就很有灼見，足以啟發我們對《如是說》不同的看法和探索的路向。全書筆觸細緻，清麗可讀。

4. Deleuze, Gilles. *Nietzsche & Philosophy*. Trans. Hugh Tomlinson. London: The Athlone Press, 1983.

5. Fischer-Dieskau, Dietrich. *Wagner and Nietzsche*. Trans. Joachim Neugroschel. New York: Seabury Press, 1976.
本書的作者並不是尼采專家，而是著名的男中音歌唱家。在二十世紀下半葉，大概沒有幾個歌唱家，不論男女，對德國藝術歌曲的貢獻，可以和他相比的了。除藝術歌曲外，他也是歌劇的高手。華格納歌劇裏面所有男中音的角色，他都演過，而且灌過唱片，其中不少演繹膾炙人口，公認為當今首一二名的錄音演出。（譬如：《優秀歌手》裏面的鞋匠沙哈司（Sachs），《天鵝武士》（*Lohengrin*）中的泰爾拉民（Telramund），《諸神之黃昏》內的根德（Gunther），《柏司福》劇中的安福達斯（Amfortas）。）華格納與尼采之間的恩怨糾紛，音樂界的人同情華格納的多，哲學界恰恰相反。本書作者，有其獨特而具人情味的看法，頗有參考價值。

6. Frey-Rohn, Liliane. *Friedrich Nietzsche: A Psychological Approach to His Life and Work*. Trans. Gary Massey. Eds. Robert Hinshaw and Lela Fischli. Einsiedeln: Daimon Verlag, 1988.

7. Gillespie, Michael Allen and Tracy B. Strong, ed. *Nietzsche's New Seas: Explorations in Philosophy, Aesthetics, and Politics.* Chicago: The University of Chicago Press, 1988.

8. Hales, Steven D. and Rex Welshon. *Nietzsche's Perspectivism.* Urbana: University of Illinois Press, 2000.
   考夫曼在二十世紀七十年代曾慨嘆尼采的觀點主義這樣重要的一個課題，研究人竟然不多，是尼采研究中的一大缺漏。七十年代以後的二、三十年間，這方面的研究仍然未曾多見。本書出版於 2000 年，對尼采的觀點主義作出了有系統的全面探索，是研究尼采哲學的一本重要著作。

9. Hayman, Ronald. *Nietzsche: A Critical Life.* New York: Penguin Books, 1982.
   這是以英文寫成有關尼采生平和思想的著作中比較詳細深入，又不算難讀的一本，從資料的豐富翔實而言，是同類作品中的首選。

10. Heller, Erich. *The Importance of Nietzsche: Ten Essays.* Chicago: The University of Chicago Press, 1988.

11. Higgins, Kathleen Marie. *Nietzsche's Zarathustra.* Philadelphia: Temple University Press, 1987.

12. Hollingdale, R. J. *Nietzsche: The Man and His Philosophy.* Baton Rouge, La.: Louisiana State University Press, 1965.
    這本書和上面 9 的作品同屬一類，出版日期較早，在當時是有關尼采生平和思想的英文著作中的首選。它沒有上述希文（Hayman）作品的資料豐富和詳盡，但流暢易讀，引起讀者對尼采這個人和思想的同情和興趣。我誠懇的向初對尼采有興趣的讀者推薦這本為必讀之書。

13. Hunt, Lester H. *Nietzsche and the Origin of Virtue.* New York: Routledge, 1993.

14. Jaspers, Karl. *Nietzsche: An Introduction to the Understanding of*

His Philosophical Activity. Trans. Charles F. Wallraff and Frederick J. Schmitz. Chicago: A Gateway Edition, 1966.

雅思培是一位二十世紀著名的存在主義哲學家。這本書與其說是解釋尼采，倒不如說是一本借題發揮、討論自己觀點的著作。它有趣，值得一讀的理由亦在此。

15. Kafka, Franz. *Parables and Paradoxes*. New York: Schocken Books, 1961.

16. Kaufmann, Walter. *Nietzsche: Philosopher, Psychologist, Antichrist*. New Jersey: Princeton University Press, 1974.

考夫曼這本書是尼采研究中必讀的經典之作。有人戲言尼采研究可以分為 B.K.（考夫曼前 Before Kaufmann）和 A.K.（考夫曼後 After Kaufmann）兩期，可見他在尼采研究中的重要地位。是考夫曼一人之力，把尼采思想從積累了大半世紀的有意曲解中釋放出來。他是猶太血統的學者，但卻為這位舉世視為反猶太、德意志至上、深受希特拉欣賞的思想家翻案。他流暢的文字，確鑿的證據，湛深的學養，精闢的分析，顯而易見對尼采思想的熱愛，都是他成功的理由。這本書不只是研究尼采所不可不讀之書，更是一切研究個別思想家著述的典範。除了這本書以外，考夫曼還把差不多所有的尼采著述譯成了英文。每種譯文都附有譯者的序，在序裏面詳細討論書中的要點和問題，是所有研究尼采的人（就是可以看得懂德文原文的）所不可不讀的材料。

17. Lampert, Laurence. *Nietzsche and Modern Times: A Study of Bacon, Descartes, and Nietzsche*. New Haven: Yale University Press, 1993.

18. Lampert, Laurence. *Nietzsche's Teaching – An Interpretation of Thus Spoke Zarathustra*. New Haven: Yale University Press, 1986.

19. Lea, Frank Alfred. *The Tragic Philosopher: Friedrich Nietzsche*. 1957; rpt. London: The Athlone Press, 1993.

20. Löwith, Karl. *Nietzsche's Philosophy of the Eternal Recurrence*

of the Same. Trans. J. Harvey Lomax. California: University of California Press, 1978.

21. Magnus, Bernd, Stanley Stewart and Jean-Pierre Mileur. *Nietzsche's Case: Philosophy as/and Literature.* New York: Routledge, 1993.

22. Magnus, Bernd and Kathleen M. Higgins, ed. *The Cambridge Companion to Nietzsche.* Cambridge: Cambridge University Press, 1996.

23. Mander, Raymond and Joe Mitchenson. *The Wagner Companion.* London: W. H. Allen, 1977.

24. Morgan, George Allen. *What Nietzsche Means.* New York: Harper Torchbooks, 1965.
    這本書是考夫曼之前，有關尼采思想的英文著作中最有份量的一本。

25. Nehamas, Alexander. *Nietzsche: Life as Literature.* Cambridge, Massachusetts: Harvard University Press, 1985.
    在序中，我已經說過，這本書對我的幫助極大。就我而言，它的重要性是僅次於考夫曼的，是近二十年來，有關尼采哲學最重要的著述。書裏面對「永恆的回轉」的闡釋，雖然我並不完全接受，卻是非常精闢獨特，很能啟發思想。他提出的「創造過去」的理論，更是充滿創意。
    全書是從「以生命為文學」這個前提出發去探討尼采這個人和他的思想。尼采在《悲劇的誕生》裏面已經說過：「只有變成美學的現象，這個世界和其中所有的事物才可以被永遠肯定。」這本書其實是以尼采自己的話去解釋尼采，其中精彩頻現，是我竭誠向讀者推介的好書。

26. Newman, Ernest. *The Life of Richard Wagner.* 4 vols. Cambridge: Cambridge University Press, 1976.
    研究華格納生平的經典之作。

27. Schacht, Richard. *Making Sense of Nietzsche: Reflections Timely and Untimely*. Urbana: University of Illinois Press, 1995.
Richard Schacht 是相當受尊重的尼采專家，這本書和下面一本同作者的著作，對尼采的研究都有很大的影響。我卻覺得他的作品分析哲學的味道較重，缺乏了（這是我的偏見）討論尼采哲學所需的「靈氣」。

28. Schacht, Richard. *Nietzsche: The Arguments of the Philosophers*. London: Routledge & Kegan Paul, 1983.

29. Schopenhauer, Arthur. *The World as Will and Representation*. Trans. E. F. J. Payne. New York: Dover Publications, 1969, two volumes.

30. Schutte, Ofelia. *Beyond Nihilism – Nietzsche without Masks*. Chicago: The University of Chicago Press, 1984.

31. Solomon, Robert C, ed. *Nietzsche: A Collection of Critical Essays*. New York: Anchor Books, 1973.
這是七十年代，Anchor 出版社所出的哲學家研究系列中的一本。Anchor 系列一共出了十多二十本討論個別哲學家的論文選，從蘇格拉底、聖托馬斯‧阿奎那（St. Thomas Aquinas, 1225-1274）、康德，以至近人賴爾（Gilbert Ryle, 1900-1976）、維根斯坦（Ludwig Wittgenstein, 1889-1951）、沙特（Jean-Paul Sartre, 1905-1980），都有討論，每人一本。（柏拉圖例外，一個人佔了兩本。）蒐集的論文大都十分精彩，這本尼采論文選也不例外。

32. Solomon, Robert C. and Kathleen M. Higgins. *Reading Nietzsche*. New York: Oxford University Press, 1988.
和上一本同一編輯人。這是 1985 年在德薩斯州立大學舉行，「閱讀尼采」國際研討會的論文結集。每一篇論文都是以尼采某一本著作為討論的核心，別具風格。

33. Staten, Henry. *Nietzsche's Voice*. Ithaca: Cornell University Press, 1993.

34. Stern, Joseph Peter. *Friedrich Nietzsche.* New York : Penguin Books, 1979.

35. Vaihinger, Hans. *The Philosophy of 'As If': A System of the Theoretical, Practical and Religious Fictions of Mankind.* Trans. C. K. Ogden. London: Routledge & Kegan Paul Ltd., 1965.
這不是討論尼采的專著。全書只有最後一章是討論尼采的。考夫曼認為這是討論尼采思想中有關知識的部分，在眾多以不同語言寫成的文章中最有趣味的一篇。我完全同意考夫曼的評語。（這一章是選入了上面引的選集中。）

36. Wilcox, John T. *Truth and Value in Nietzsche – A Study of His Metaethics and Epistemology.* Ann Arbor: The University of Michigan Press, 1974.

37. Williams, Bernard. "Nietzsche's Minimalist Moral Psychology" in *Making Sense of Humanity and Other Philosophical Papers 1982-1993.* Cambridge: Cambridge University Press, 1995.

三、有關尼采的中文論著（以著者姓氏的筆畫多寡排序）：

1. 王國維：〈尼采氏之教育觀〉（1904）。載郤元寶編：《尼采在中國》。上海：上海三聯書店，2001 年。

2. 王國維：〈叔本華與尼采〉（1904）。同上。
王國維的〈叔本華與尼采〉寫於上世紀初，然其論點之精到，對二人哲學領悟的深入，是過去百多年來中國所未見。今舉他文中有關尼采的結論，以見一斑：「尼采……有叔本華之天才，而無其形而上學之信仰，晝亦一役夫，夜亦一役夫，醒亦一役夫，夢亦一役夫，於是不得不弛其負擔，而圖一切價值之顛覆。舉叔氏夢中所以自慰者，而欲於晝日實現之，此叔本華之說所以尚不反於普通之道德，而尼采則肆其叛逆而不憚者也。此無他，彼之自慰藉之道，固不得不出於此也。」我們晚生百年，無論外語能力，可見參考資料之數量俱遠勝王氏，但成果卻深愧不如。看到前人為學之工夫及妙悟，能不汗顏！

3. 周國平：《尼采：在世紀的轉折點上》。上海：上海人民出版社，1998 年。
近年在中國掀起對尼采興趣的一本書，引起國人對尼采的興趣，這本書功不可沒。

4. 郜元寶編：《尼采在中國》。上海：上海三聯書店，2001 年。
蒐集以中文寫成有關尼采哲學的文獻目錄，不少更附有原文。雖然有缺漏，特別是 1950 年後海外的著作，但卻是目前這類書籍的唯一一本。

5. 張釗貽：《尼采與魯迅思想發展》。香港：青文書屋，1987 年。

6. 陳鼓應：《尼采新論》。香港：商務印書館，1988 年。

7. 陳鼓應：《悲劇哲學家尼采》。台北：臺灣商務印書館，1960 年。
這本書出版於六十年代，雖然作者自稱：「本書的內容，大都是從尼采的原著中思索得來。有關英美學者的專著，我也細心的看過一些，卻都令我感到幾分失望。……他們對尼采思想的淵源與尼采哲學的重心，卻未能切實把握得住。」（〈最後的話〉）其實，本書主要內容，尤其是有關尼采思想的淵源和重心，都是來自英美學者，尤其是考夫曼對尼采的論點，不過只錄結論，缺了論證部分。全書行文流暢，不失其向國人介紹尼采之功。較之同作者三十年後的《尼采新論》之斷章取義，解釋錯誤，立論膚淺，真是叫人嘆息昔遠勝於今。

新版後記

　　《原來尼采》初版至今已經十多年。最近匯智出版社羅國洪先生有意再版，徵求我的同意，我答應了。

　　過去十多年，評論《原來尼采》的文章我看到的有好幾篇。作者最害怕的是寫出來的東西沒有人讀，讀了的人沒有感覺，就像未曾讀過一樣。有評論，便表示避過了這樣的命運，所以無論正面、負面，我對評者都十分感激。

　　有評者認為我的看法和一般對尼采的主流看法十分不同，是為了自己的信仰（基督教）故意歪曲了尼采，非得大加鞭撻以正視聽不可。對此我有兩個回應。

　　1. 我不敢說我的看法是正確（在書內已多次聲明），不過對我的看法我都提出了理由和證據。如果評者認為不能成立，我希望他們指出錯誤和反證，而不只是說我的看法和今日一般接受的不同便拒絕。考夫曼（Walter Kaufmann）提出尼采並不是反猶太人的說法，這也是和一般人接受的大相逕庭的。現在已是顛簸不變的主流了。

　　2. 我對尼采和基督教之間的關係的看法絕對不是我自己的。客觀的讀者在考夫曼、韋興格（Hans Vaihinger）、艾垠（Henry David Aiken）（在此僅舉三位，還有其他不能盡列）的有關尼采哲學的著述中都可以找到。甚至在尼采自己

的著作，書名最反基督教的《敵基督》裏面都可以看到。我在書裏面屢屢提到《敵基督》段 30-39 便是好的例子了。

我在《原來尼采》中的立論，主要有兩個基礎：

1.「神死了」，在尼采的哲學裏面是一個前提，不是結論。他要看看從這個前提下，怎樣重建價值系統。

2. 尼采的反基督教是從宗教立場出發，不是如今日一般反基督教從科學出發。用考夫曼的話：「『神死了』。……這是宗教的語言，是從福音書中演繹過來的圖畫。」(Walter Kaufmann, *Nietzsche: Philosopher, Psychologist, Antichrist,* Part I, Chapter 3, p.100)

這次再版，我只修改了初版一些字句上的錯誤。《原來尼采》初版後，中英文有關尼采思想的書增加了不少，有心的讀者可以留心選讀。

責任編輯：羅國洪

文字校對：吳君沛

封面設計：洪清淇

原來尼采

作者：陳永明

出　　版：匯智出版有限公司

　　　　　香港九龍尖沙咀赫德道2A首邦行8樓803室

　　　　　電話：2390 0605　　傳真：2142 3161

　　　　　網址：http://www.ip.com.hk

發　　行：聯合新零售 (香港) 有限公司

　　　　　香港新界荃灣德士古道220-248號荃灣工業中心16樓

　　　　　電話：2150 2100　　傳真：2407 3062

印　　刷：陽光 (彩美) 印刷有限公司

版　　次：2021年12月初版

國際書號：978-988-75442-7-2